Maravillas

Guía de lectura atenta

Mc
Graw
Hill
Education

Cover and Title Pages: Nathan Love

www.mheonline.com/lecturamaravillas

Send all inquiries to:
McGraw-Hill Education
Two Penn Plaza
New York, NY 10121

ISBN: 978-0-02-134199-3
MHID: 0-02-134199-0

Printed in the United States of America.

6 7 8 9 LMN 21 20 19 18 17   C

Amigos y familia

AMIGOS QUE SE AYUDAN

RELEER *Lom y los nudones* 1

RELEER "La pierna izquierda" 4

INTEGRAR ARTE 7

FAMILIAS DEL MUNDO

RELEER *La otra orilla* 8

RELEER "De aquí y de allá" 11

INTEGRAR CANCIÓN 14

MASCOTAS AMIGAS

RELEER *¡Vaya con mi amigo Bartolo!* 15

RELEER "El gato soñador" 18

INTEGRAR ARTE 21

CUIDAR A LOS ANIMALES

RELEER *Lola y Tiva: Una extraña amistad*. 22

RELEER "¿Qué necesitan los animales?" 25

INTEGRAR CANCIÓN 28

TIME FOR KIDS

RELEER *Las familias trabajan juntas* 29

RELEER "¿Por qué trabajamos?" 31

INTEGRAR FOTOGRAFÍA 33

El misterio de los animales

LOS ANIMALES Y LA NATURALEZA
RELEER *Tita la golondrina* **34**
RELEER "Amigos del frío y el calor" **37**
INTEGRAR CANCIÓN **40**

FÁBULAS DE ANIMALES
RELEER *Groa y Loki* **41**
RELEER "Cenicienta y sus amigos" **44**
INTEGRAR FOTOGRAFÍA **47**

HÁBITATS DE ANIMALES
RELEER *Tortuga, iten cuidado!* **48**
RELEER "La casa en el río" **51**
INTEGRAR FOTOGRAFÍA **54**

CRÍAS DE ANIMALES
RELEER *Osos bebés* **55**
RELEER "De oruga a mariposa" **58**
INTEGRAR ARTE **61**

ANIMALES EN POEMAS
RELEER "La mariposa", "La ardilla soñadora" **62**
RELEER "¿Qué es el gato?", "¿Qué es el tigre?" **64**
INTEGRAR POESÍA **66**

(bc) Baby Bears by Bobbie Kalman. Reprinted with permission of Crabtree Publishing Company. Lee Cates/Photodisc/Getty Images

Vivir y aprender

LAS FUERZAS DE LA TIERRA

RELEER *Me caigo* 67

RELEER "¡Muévelo!" 70

INTEGRAR FOTOGRAFÍA 73

MIRAR EL CIELO

RELEER *¡Me picó la Luna!* 74

RELEER "Del día a la noche" 77

INTEGRAR ARTE 80

GENTE QUE AYUDA

RELEER *Biblioburro* 81

RELEER "El caballito de los siete colores" 84

INTEGRAR CANCIÓN 87

ALERTA METEOROLÓGICA

RELEER *Tiempo tormentoso* 88

RELEER "¿Puede pronosticarse el tiempo?" 91

INTEGRAR ARTE 94

TIME FOR KIDS

RELEER *Diferentes maneras de disfrutar de la música* . . . 95

RELEER "Un museo musical" 97

INTEGRAR ARTE 99

Nuestra vida, nuestro mundo

REGIONES DEL MUNDO

RELEER *La selva tropical* 100

RELEER "Sabanas africanas" 103

INTEGRAR POESÍA 106

LA TIERRA CAMBIA

RELEER *Los volcanes* 107

RELEER "Al rescate" 110

INTEGRAR FOTOGRAFÍA 113

NUESTRA CULTURA NOS HACE ESPECIALES

RELEER *El olor del mar* 114

RELEER "¡Feliz Año Nuevo!" 117

INTEGRAR FOTOGRAFÍA 120

DISFRUTAR LA NATURALEZA

RELEER *El saltamontes y el caracol* 121

RELEER "El pequeño Etsa" 124

INTEGRAR POESÍA 127

POEMAS SOBRE LA NATURALEZA

RELEER "Viva el sol de la mañana", "Lluvia" 128

RELEER "¿Sabrá la noche?", "El viento" 130

INTEGRAR ARTE 132

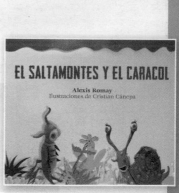

(tc) Sverrir Thorolfsson Iceland/Flickr/Getty Images

Mejorar nuestro mundo

SER UN BUEN CIUDADANO

RELEER *Acuarelas*. .133

RELEER "Cómo ayudar a Sonrisas" 136

INTEGRAR POESÍA. 139

LLEVARSE BIEN

RELEER *Carlos*. 140

RELEER "Zona libre de acoso" 143

INTEGRAR CANCIÓN 146

PERSONAS QUE NOS INSPIRAN

RELEER *Me llamo Celia* 147

RELEER "Katari, el héroe aymara". 150

INTEGRAR FOTOGRAFÍA 153

PRESERVAR EL PLANETA

RELEER *El regalo del leñador* 154

RELEER "Nuestros recursos". 157

INTEGRAR FOTOGRAFÍA 160

TIME FOR KIDS

RELEER *El establecimiento de las reglas*. 161

RELEER "Los símbolos nacionales" 163

INTEGRAR POESÍA 165

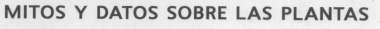

¿Cómo es?

MITOS Y DATOS SOBRE LAS PLANTAS

RELEER *La flor de oro* **166**

RELEER "Una planta de calabaza" **169**

INTEGRAR ARTE **172**

NECESITAMOS ENERGÍA

RELEER *Mi luz* **173**

RELEER "La potencia del agua" **176**

INTEGRAR FOTOGRAFÍA **179**

EXPLORAR EN EQUIPO

RELEER *Manual del astronauta* **180**

RELEER "Trabajo en equipo hacia la cima" **183**

INTEGRAR ARTE **186**

CUESTIONES DE DINERO

RELEER *Locura por el dinero* **187**

RELEER "El rey Midas y el toque dorado" **190**

INTEGRAR POESÍA **193**

MUNDO DE IDEAS

RELEER "Barco y sueños", "Poema" **194**

RELEER "Burrito", "Nido de colores" **196**

INTEGRAR ARTE **198**

(tc) Adapted from MY LIGHT by Molly Bang. Scholastic Inc./Blue Sky Press. Copyright © 2004 by Molly Bang. Reprinted by permission.

Lom y los nudones

¿? ¿Qué oraciones usa la autora en el diálogo para mostrar cómo se sienten los personajes?

Antología de literatura: páginas 10-33

COLABORA

Coméntalo Vuelve a leer la página 21. Comenta con un compañero los tipos de oraciones de los diálogos.

Evidencia en el texto Explica el modo en que la autora usa los diálogos.

 **Consejo de la semana**

Cuando **vuelvo a leer**, puedo pensar en cómo la autora muestra cómo se sienten los personajes.

Tipos de oraciones	La autora muestra

Escribe La autora usa las oraciones _____

_____

Anita

Design Pics/Kristy-Anne Glubish

¿? **¿Qué te muestran las ilustraciones sobre los sentimientos de los personajes?**

Coméntalo Mira las ilustraciones de las páginas 22 a 24. Comenta con un compañero qué muestran las ilustraciones sobre los personajes.

Evidencia en el texto Explica qué palabras o frases del texto reflejan lo que se ve en las ilustraciones.

Palabras	Ilustraciones

Escribe Las ilustraciones muestran _____

_____

_____

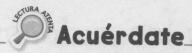

Acuérdate

Puedo usar los comienzos de oración como ayuda cuando converso con mi compañero sobre las ilustraciones.

La ilustración muestra...

Esto es importante porque...

¿Cómo muestran las ilustraciones que Lom y el puercoespín son amigos al final del cuento?

Acuérdate

Puedo basarme en los sucesos del final para hacer inferencias sobre el propósito de la autora.

Coméntalo Vuelve a leer las páginas 30 a 33 y mira las ilustraciones. Comenta con un compañero cómo las ilustraciones muestran la amistad de Lom y el puercoespín.

Evidencia en el texto ¿Qué significado tienen las ilustraciones del final de Lom y los nudones?

Ilustración	Significado

Escribe Las ilustraciones muestran que _____

_____

Tu turno

¿Cómo demuestra la autora la importancia de ayudar a los amigos? Organiza las evidencias del texto con los siguientes marcos de oración:

La autora demuestra que...

Las técnicas que usa...

¡Conéctate!
Escribe tu respuesta en línea.

"La pierna izquierda"

Jugando fútbol, Fátima se cayó.

"¡Ay!", qué dolor sintió.

Su amiga María, al médico la acompañó.

El médico gritó: "¡Esta pierna se rompió!"

María no lo entendía.

Fátima no lo creía.

"Vaya alegría", pensó,

"¡el fútbol se me acabó!"

Vuelve a leer y haz anotaciones en el texto siguiendo las instrucciones.

Subraya dos ejemplos de oraciones exclamativas en las cuales la autora muestra cómo se siente Fátima. Luego escríbelos aquí.

1. _____

_____

2. _____

_____

Federico Porfiri

COLABORA

Conversa con un compañero sobre lo que le sucedió a Fátima.

La pierna derecha ya no dolía,
parecía dormida, no se movía.

Ahora Fátima se aburría:

"¿Qué haré todo el día?"

María le decía:

"Podemos hablar, pintar y cantar".

Y Fátima respondía:

"¡Pero fútbol no podemos jugar!"

María lo pensó y lo pensó,

y por fin lo entendió:

"Si una pierna se durmió,

la otra se despertó".

Encierra en un círculo qué dice María cuando quiere ayudar a Fátima para que no se aburra. Escribe las palabras de María aquí. _____

_____

COLABORA

Conversa con un compañero sobre qué quiere decir la autora en este poema.

¿Cuál es el propósito de la autora cuando María dice "si una pierna se durmió, la otra se despertó"? _____

_____

_____

_____

_____

¿? ¿Cuál fue el propósito de la autora al escribir "La pierna izquierda"?

COLABORA

Coméntalo Vuelve a leer el poema completo. Comenta con un compañero el mensaje que la autora deja a los lectores con este poema.

Evidencia en el texto ¿Cómo ayudó María a Fátima?

Evidencia en el texto	Significado

Escribe El propósito de la autora es mostrar que _____

_____

_____

Federico Porfiri

¿En qué se parecen las niñas de la pintura a los amigos de *Lom y los nudones* y "La pierna izquierda"?

COLABORA

Coméntalo Mira la pintura. Conversa acerca de qué están haciendo las niñas.

Evidencia en el texto Encierra en un círculo las claves de la pintura y el pie de ilustración que te indiquen lo que las niñas están haciendo juntas.

Escribe Como los amigos en *Lom y los nudones* y en "La pierna izquierda", las niñas de la pintura

_____

_____

_____

Acuérdate

LECTURA ATENTA

Puedo describir qué hacen las niñas y cómo se sienten usando estos comienzos de oración:

Las niñas están...

Las niñas parecen...

Esta pintura es *Niñas bretonas danzando,* de Paul Gaugin.

La otra orilla

¿Por qué la autora muestra que la familia de la niña se niega a relacionarse con la gente de la otra orilla?

Antología de literatura: páginas 38-57

COLABORA

Coméntalo Vuelve a leer las páginas 41 y 42. Comenta la selección de las palabras de la autora para definir cómo ven los habitantes de una orilla a los de la otra.

Evidencia en el texto Explica cómo muestra la autora qué sienten los personajes de una orilla con respecto a los de la otra orilla. Cita y explica la evidencia del texto.

Selección de palabras	¿Por qué es efectivo?

Escribe La autora muestra que la familia se niega a _____

_____

_____

LECTURA ATENTA

Consejo de la semana

Cuando **vuelvo a leer**, puedo pensar en cómo la autora usa las palabras para comparar.

Alex

Marilyn Nieves/E+/Getty Images

¿Por qué la autora compara las actividades de las dos familias?

COLABORA

Coméntalo Vuelve a leer la página 52. Comenta con un compañero la estructura de las oraciones que utiliza la autora.

Evidencia en el texto Explica el modo en el que la autora construye las oraciones para mostrar lo que descubre la niña en ese momento.

Primer término de la oración	Comparación

Escribe La autora compara las actividades de las dos familias porque _____

_____

Acuérdate

Puedo usar estos comienzos de oración cuando conversamos sobre la estructura de las oraciones.

Las comparaciones de la autora...

Esto me ayuda a...

¿? ¿Por qué la ilustración que muestra el puente es una parte importante de la selección?

Coméntalo Vuelve a leer las páginas 56 y 57 y observa las ilustraciones. Comenta con un compañero el mensaje que la autora quiere dejar en el final del cuento.

Evidencia en el texto Explica lo que ves en la ilustración y cómo esto te ayuda a entender el propósito de la autora. Cita y explica la evidencia del texto.

Veo en la ilustración	Esto significa

Escribe La ilustración que muestra el puente es importante porque _____

_____

_____

Acuérdate

Puedo basarme en las ilustraciones para hacer inferencias sobre el propósito de la autora.

Tu turno

¿De qué manera la autora demuestra la importancia de aceptar las diferencias y las semejanzas entre las distintas culturas? Con estos marcos de oración, organiza tu evidencia del texto.

La autora muestra la importancia...

Las distintas culturas...

¡Conéctate!
Escribe tu respuesta en línea.

"De aquí y de allá"

Todas las familias necesitan un hogar. Algunas familias viven en grandes ciudades. Pueden vivir en edificios de apartamentos de varios pisos. Muchas familias viven en el mismo edificio.

Algunas familias viven cerca del agua. Algunas familias viven en casas sobre pilotes. Los pilotes son postes altos, que ayudan a proteger las casas del agua.

Todas las familias comparten la comida. La comida de una familia está muy relacionada con la cultura. Algunas familias también comen comidas de otras culturas.

Vuelve a leer y haz anotaciones en el texto siguiendo las instrucciones.

Subraya en el texto dos pistas que te permitan saber en qué tipos de hogares viven las distintas familias. Escríbelas aquí.

1. _____
_____
_____

2. _____
_____
_____

COLABORA

Conversa con un compañero sobre la forma en la que las familias viven en edificios de apartamentos.

Las personas de una familia hablan entre sí. Diferentes familias hablan idiomas diferentes. La manera en la que se hablan las personas de una familia está muy relacionada con la cultura.

En japonés, al abuelo se le suele llamar *ojiisan*, y a la abuela, *obaasan*.

En Sudáfrica, cuando las familias se visitan, se saludan diciendo *¡sawubona!* Quiere decir *¡hola!*

Todas las familias tienen celebraciones. En India, las familias celebran la fiesta de Diwali.

Encierra en un círculo las palabras que te ayudan a comprender que hay diversidad de idiomas. Escríbelas aquí. _____

_____

COLABORA

Conversa con un compañero sobre el propósito de la autora al mencionar que las diferentes familias hablan idiomas diferentes. Subrayen en el texto la oración que menciona la relación entre los distintos idiomas y la cultura de cada familia.

¿Cómo se saludan las familias de Sudáfrica?

Usa tus anotaciones para apoyar tu respuesta. _____

_____

_____

¿Qué cosas hacen las diferentes familias?

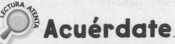
COLABORA

Coméntalo Vuelve a leer las páginas 11 y 12. ¿Qué hacen las familias?

Evidencia en el texto Escribe detalles del textos acerca de en qué se parecen las familias.

Acuérdate
LECTURA ATENTA

Cuando **vuelvo a leer**, analizo por qué la autora usa la misma estructura en algunas oraciones.

Todas las familias...

Escribe Todas las familias _____

_____

Paul Taylor/The Image Bank/Getty Images

¿De qué manera las palabras de la canción te recuerdan a las familias de *La otra orilla* y "De aquí y de allá"?

Coméntalo Conversa sobre lo que dice de la canción sobre el tiempo que pasamos con los amigos. ¿Cómo es el tiempo que pasamos con la familia?

Evidencia en el texto Encierra en un círculo las pistas de la canción que te dicen que los amigos son como familia.

Escribe Canciones como esta me recuerdan a las familias de *La otra orilla* y "De aquí y de allá" porque ___

_____

_____

Acuérdate

Puedo contar cómo las palabras de la canción me hacen pensar en la familia usando estos comienzos de oración:

Los amigos son como la familia...

Mi familia se junta...

Cuanto más nos reunimos
(canción)

Cuanto más nos reunimos
más felices somos.
Los amigos compartimos
muchos buenos momentos
y alegres nos sentimos
cuando estamos juntos.
Cuanto más nos reunimos
más felices somos.

¡Vaya con mi amigo Bartolo!

¿Cómo se complementan las ilustraciones con el cuento?

Antología de literatura:
páginas 64-83

COLABORA

Coméntalo Vuelve a leer las páginas 72 y 73. Comenta con un compañero el modo en que la ilustración se complementa con el texto.

Evidencia en el texto Explica el modo en que la ilustración ayuda a los lectores a comprender mejor qué hacen y cómo se sienten los personajes.

LECTURA ATENTA **Consejo de la semana**

Cuando **vuelvo a leer**, puedo preguntarme qué cosas nuevas me muestran las ilustraciones.

Detalle de la ilustración	¿Por qué es efectiva?

James

Escribe Las ilustraciones se complementan porque _____

_____

Steve Prezant/Image Source/Getty Images

¿Qué detalles sobre los personajes muestran las ilustraciones?

Coméntalo Vuelve a leer las páginas 78 y 79. Comenta con un compañero qué hace Bartolo y qué quiere demostrarle a Víctor.

Evidencia en el texto ¿Qué puede hacer una mascota para demostrar cómo se siente?

Detalle de la ilustración	Evidencia en el texto

Escribe Las ilustraciones muestran detalles _____

_____

_____

Acuérdate

Puedo usar los comienzos de oración como ayuda cuando converso con mi compañero sobre cómo las ilustraciones ayudan a comprender el texto.

Víctor confía en su mascota cuando...

Bartolo muestra lo que pueden hacer cuando...

¿? ¿Por qué la última ilustración es importante para comprender el final del cuento?

COLABORA

Coméntalo Vuelve a leer las páginas 82 y 83 y observa la ilustración. Comenta con un compañero el mensaje que la autora quiere transmitir.

Evidencia en el texto Compara lo que hace Bartolo con lo que hacen sus mascotas. ¿En qué se parecen? Usa la descripción de la autora para visualizarlo.

Detalle de la lustración	Significado

Escribe La última ilustración es importante porque _____

_____

Acuérdate

Puedo visualizar lo que la autora escribió sobre el comportamiento del perro. Me ayudará a compararlo con mi mascota.

Tu turno

¿Qué recursos utilizan la autora y la ilustradora para mostrar la amistad entre un niño y su mascota? Organiza las evidencias del texto con los siguientes marcos de oración:

La autora y la ilustradora utilizan...

Esto significa que...

¡Conéctate!
Escribe tu respuesta en línea.

"El gato soñador"

Mi gato sueña

que es marinero

y con su dueña

va en un velero:

surcando mares

llega a lugares

del mundo entero.

Vuelve a leer y haz anotaciones en el texto siguiendo las instrucciones.

Encierra en un círculo dos ejemplos de la ilustración que demuestren la amistad entre la niña y su gato. Luego descríbelos aquí.

1. _____
   _____
   _____

2. _____
   _____
   _____

Sabrina Dieghi

COLABORA

Conversa con un compañero sobre los detalles de la ilustración que muestran la amistad entre la niña y su mascota. Agreguen más detalles.

Sigue soñando,

mi buen amigo,

porque yo quiero

viajar contigo.

Encierra en un círculo las frases que demuestren la amistad entre la niña y su gato. Escriban las palabras aquí: _____

_____

COLABORA

Vuelve a leer esta parte del poema. Conversa con un compañero sobre qué quiere decir el autor en estos versos.

¿Cuál fue el propósito del autor al escribir el poema en lugar de decir que la niña sueña con viajar?

Usa tus anotaciones para respaldar tu respuesta. _____

_____

_____

¿Cuál es el propósito del autor al escribir la segunda parte del poema?

COLABORA

Coméntalo Vuelve a leer la segunda parte del poema. Comenta con un compañero el mensaje que el autor deja a los lectores al final del poema.

Evidencia en el texto ¿Qué versos muestran que la niña quiere compartir su sueño con su mascota amiga?

Evidencia en el texto

Escribe El propósito del autor es demostrar _____

_____

_____

_____

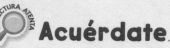
Cuando **vuelvo a leer**, pienso en la manera en que el autor usa las imágenes visuales para describir lo que sienten la niña y su mascota cuando están juntas.

¿En qué se parece el niño de la pintura al niño de *¡Vaya con mi amigo Bartolo!* y a la niña de "El gato soñador"?

COLABORA

Coméntalo Mira la pintura. Conversa acerca de lo que ves. ¿Qué aprendiste acerca de cómo puede una mascota ser un buen amigo?

Evidencia en el texto Encierra en un círculo las claves que muestran en qué se parece el niño de la pintura a los niños de *¡Vaya con mi amigo Bartolo!* y "El gato soñador".

Escribe El niño de la pintura es parecido porque _____

_____

_____

_____

Esta pintura del siglo XIX es de un niño y su gato.

Acuérdate

Puedo describir el gato de la pintura usando estos comienzos de oración:

Puedo decir que el gato...

El niño y el gato comparten...

Lola y Tiva: Una extraña amistad

¿Cómo te ayudan las fotos a comprender la relación entre Lola y Tiva?

Antología de literatura: páginas 88-105

COLABORA

Coméntalo Vuelve a leer las páginas 88 a 91. ¿Qué aprendiste sobre Lola y Tiva a partir de las fotos?

Evidencia en el texto Escribe lo que sabes sobre Lola en el cuadro izquierdo, y lo que sabes sobre Tiva en el derecho

Consejo de la semana

LECTURA ATENTA

Cuando **vuelvo a leer**, pienso en cómo el autor usa las palabras y las frases.

Lola	Tiva

Escribe Las fotos me ayudan a comprender que Tiva _____
_____
_____

Sophie

wavebreakmedia/Shutterstock.com

¿Por qué Lola estaría fuera de peligro en el refugio con Tiva?

Acuérdate

Cuando **vuelvo a leer**, puedo usar estos comienzos de oración para comentar el cuento.

Lola estaría fuera de peligro porque....

Tiva ayudó a Lola al...

COLABORA

Coméntalo Vuelve a leer las páginas 94 y 95. Comenta cómo Tiva podía ayudar a Lola a estar a salvo.

Evidencia en el texto Cuenta lo que aprendiste sobre lo que Lola necesita.

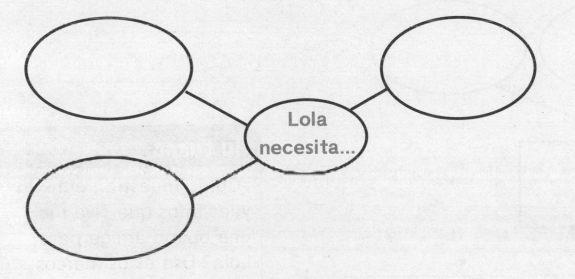

Lola necesita...

Escribe Lola estaría fuera de peligro porque _____

_____

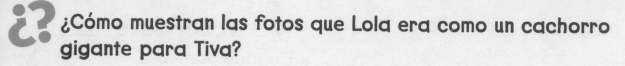

¿Cómo muestran las fotos que Lola era como un cachorro gigante para Tiva?

Coméntalo Vuelve a leer las páginas 96 a 99 y mira las fotos. Comenta en qué se parece Lola a un cachorro.

Evidencia en el texto Escribe en el organizador gráfico tres cosas que Tiva hace con Lola como si fuera su cachorro.

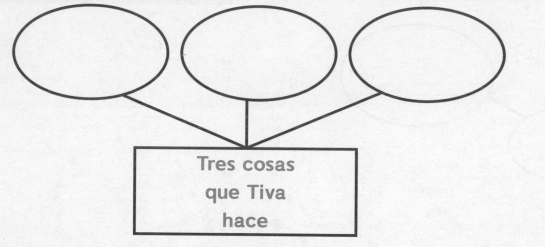

Tres cosas
que Tiva
hace

Escribe Las fotos muestran que _____

_____

Acuérdate

Las fotos me ayudan a comprender cómo una niña puede cuidar de una mascota inusual.

Tu turno

¿Cómo muestran el texto y las fotos que Tiva fue una buena amiga para Lola? Usa estos marcos de oración:

En el texto leo...

En las fotos veo...

¡Conéctate!

Escribe tu respuesta en línea.

"¿Qué necesitan los animales?"

Ana es la encargada de un refugio de animales. Le hicimos preguntas sobre los cuidados que reciben los animales allí.

En esta entrevista, luego de la letra **P** están las preguntas que hicimos, y luego de la letra **R** están las respuestas de Ana.

P: ¿Qué es un refugio de animales?

R: Un refugio de animales es un lugar donde están aquellos que necesitan un dueño que los cuide.

Vuelve a leer y haz anotaciones en el texto siguiendo las instrucciones.

¿Por qué necesitamos refugios para animales? Encierra las pistas en un círculo.

¿Qué diferencia hay entre la organización de este texto y la de otros que hayas leído? Subraya la diferencia.

COLABORA

Coméntalo Conversa con un compañero acerca de cómo sabes que Ana cuida a los animales.

P: ¿Cómo se aseguran de que los animales reciban los cuidados que necesitan?

R: No es fácil. Necesitan comida, agua, aire y un lugar donde estén protegidos. Además, cada animal precisa cuidados distintos. Algunos, como los perros, comen carne. Otros, como los conejos, comen verduras. A los perros, que necesitan hacer ejercicio, los saco a pasear con la correa. Pero si hiciera eso con un gato, ¡se enojaría mucho! No le estaría dando los cuidados que necesita.

¿Qué necesitan todos los animales? Encierra las pistas en un recuadro.

¿Por qué se enojarían los gatos? Subraya las pistas que te indican por qué.

COLABORA

Coméntalo Conversa con un compañero acerca de por qué el autor escribe las letras **P** y **R** en negrilla. ¿Te ayuda esto a comprender mejor el texto?

¿Cómo te ayuda el formato de entrevista a comprender las necesidades de los animales?

**Acuérdate**

Los pies de fotos ofrecen detalles clave que me ayudan a comprender mejor las imágenes.

COLABORA

Coméntalo Conversa sobre cómo el autor organizó la información. ¿Cómo te ayuda la entrevista a comprender las necesidades de los animales?

Evidencia en el texto Anota los detalles que aprendiste a partir de las preguntas y respuestas del texto.

Preguntas	Respuestas

Escribe El formato de entrevista me ayuda a comprender porque _____

_____

¿? ¿En qué se parecen las necesidades del canario, de Lola y de los animales del refugio?

COLABORA

Coméntalo Conversa sobre las diferentes necesidades de los animales. ¿Cómo pueden las personas ayudarlos a satisfacerlas?

Evidencia en el texto El narrador de la canción cuida a su canario. Subraya las palabras de la canción que muestran en qué se parecen las necesidades del canario a las de Lola y a las de los animales de "¿Qué necesitan los animales?".

Escribe Igual que Lola y los animales del refugio, el canario necesita _____

_____

_____

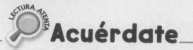

Acuérdate

Puedo hacer comparaciones usando estos comienzos de oración:

Todos los animales necesitan...

Si el canario recibe...

Mi canario
(canción)

Mi canario necesita
agua fresca para beber.
Si le doy un poco de alpiste,
canta feliz al amanecer.

También es bueno que tenga
un poco de sol cada día.
Entonces se siente sano
y me prepara otra melodía.

Las familias trabajan juntas

¿Por qué piensas que el autor te cuenta lo que Mary y su madre hacen los martes?

Antología de literatura:
páginas 110-113

COLABORA

Coméntalo Vuelve a leer la página 111. ¿Por qué piensas que el autor comienza la selección con la hora?

Evidencia en el texto Completa el organizador gráfico de abajo. Cuenta tres detalles sobre el viaje que hacen Mary y su madre.

LECTURA ATENTA Consejo de la semana

Cuando **vuelvo a leer**, comprendo mejor los detalles clave.

¿A dónde van?	¿Qué hacen?	¿Por qué van?

Lee

Escribe El autor me cuenta lo que hacen Mary y su madre los martes _____

_____

McGraw-Hill Education

¿Cómo te ayudan las características del texto a entender qué son los consumidores?

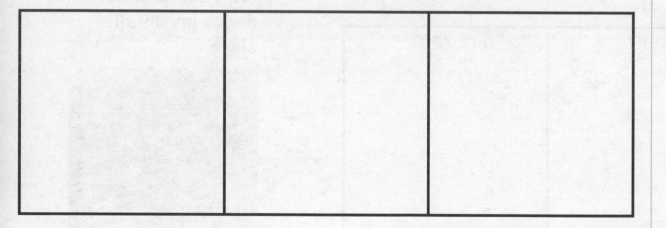
COLABORA

Coméntalo Mira las características del texto en las páginas 112-113. Conversa con un compañero sobre lo que la barra lateral y las fotos dicen sobre los consumidores.

Evidencia en el texto Vuelve a leer las páginas 112 y 113. Escribe 3 pistas que te ayudan a saber lo que son los consumidores.

Escribe Entiendo qué son los consumidores porque _____

_____

_____

Tu turno

¿Cómo ayuda la granja familiar a proporcionar alimentos a otros? Usa estos marcos de oración:

La familia viaja a la ciudad para...

Como la gente quiere fresas,...

¡Conéctate!
Escribe tu respuesta en línea.

¿Por qué trabajamos?

Mira a tu alrededor. Las cosas que ves, fueron producidas, o fabricadas, por una persona en el trabajo. Estas cosas se llaman bienes.

Algunas personas prestan u ofrecen servicios. Los servicios son actividades que realizan las personas.

Juan Silva/The Image Bank/Getty Images

Vuelve a leer y haz anotaciones en el texto siguiendo las instrucciones.

Vuelve a leer el título. ¿De qué crees que trata este texto? Encierra en un cuadro la pista.

¿Qué está haciendo la mujer en la fotografía? ¿fabrica bienes o presta un servicio? Encierra en un círculo la respuesta en el texto.

COLABORA

Coméntalo Comenta sobre los bienes y servicios. ¿Cuál es la diferencia entre fabricar bienes y prestar servicios?

En las fábricas, las personas producen bienes, como los automóviles.

Los maestros y los camareros prestan servicios. Un maestro ayuda a los estudiantes a aprender. Un camarero lleva la comida a tu mesa.

Cuando fabrican bienes o prestan servicios, las personas ganan dinero. Así pueden comprar más bienes y servicios que cuestan dinero. Quien compra cosas, es un consumidor.

Subraya las necesidades que se detallan en el texto.

¿De qué manera te ayudan las fotos a comprender por qué trabajamos? **Encierra** las pistas en un círculo.

COLABORA

Conversa con un compañero acerca de lo que aprendiste sobre los trabajdores de las fotografías.

Los oficiales de policía y los bomberos prestan el servicio de ayudar a los demás.

¿En qué se parece la familia de esta fotografía a los Yung en "¡Trabajo de familia!" y a los Gelder en "Las familias trabajan juntas"?

COLABORA

Coméntalo Comenta cuál es el trabajo de cada persona en la fotografía. ¿Qué te muestra la foto acerca de cómo trabajan juntas?

Evidencia en el texto Encierra en un círculo los detalles de la fotografía y el pie de foto que muestran en qué se parece la familia a los Yung y a los Gelder.

Escribe Esta familia se parece a los Yung y a los Gelder porque _____

_____

_____

_____

Acuérdate

Puedo describir lo que veo usando estos comienzos de oración:

La familia está...

Creo que lo hacen porque...

Esta familia trabaja junta para lavar el automóvil.

Tita la golondrina

¿Cómo ayudan las palabras precisas a comprender el texto?

Antología de literatura: páginas 116-135

COLABORA

Coméntalo Vuelve a leer las páginas 124 y 125. Con un compañero comenta los detalles descriptivos de esta parte de la selección.

Evidencia en el texto Explica el modo en que la autora usa palabras y frases descriptivas para mostrar qué hacen y cómo se sienten los personajes.

Evidencia en el texto	¿Por qué es efectivo?

Escribe Las palabras precisas que usa la autora ayudan ____

_____

_____

LECTURA ATENTA Consejo de la semana

Cuando **vuelvo a leer**, puedo pensar cómo usa la autora las palabras y las frases descriptivas.

Olivia

© Imagemore/Glow Images

¿Qué detalles descriptivos usa la autora para ayudarte a visualizar los sucesos del cuento?

Coméntalo Vuelve a leer las páginas 130 y 131. Con un compañero comenta los detalles de los sucesos del cuento.

Evidencia en el texto ¿Qué detalles descriptivos te ayudan a visualizar lo que sucede?

Puedo usar los comienzos de oración como ayuda cuando converso con mi compañero sobre cómo las palabras precisas y las ilustraciones ayudan a comprender el texto.

Los detalles descriptivos que usa la autora...

Con estos detalles visualizo...

Evidencia en el texto	Detalles que ayudan a visualizar

Escribe Los detalles descriptivos que me ayudan son _____

_____

_____

¿? **¿Qué significan las comparaciones que hace la autora al final del cuento?**

COLABORA

Coméntalo Vuelve a leer la página 134 y presta atención a las comparaciones. Con un compañero comenta el mensaje que la autora quiere transmitir.

Evidencia en el texto Usa las comparaciones para comprender el final del cuento.

Evidencia en el texto	Significado

Escribe Las comparaciones al final del cuento significan _____
_____
_____
_____

Acuérdate
LECTURA ATENTA

Puedo visualizar el comportamiento y los sentimientos de los personajes.

Tu turno

¿Qué palabras precisas usa la autora para describir los sentimientos de Tita? Organiza tus evidencias con los siguientes marcos de oración:

Las palabras precisas de la autora...

La mamá animó a Tita cuando...

¡Conéctate!
Escribe tu respuesta en línea.

"Amigos del frío y el calor"

El husky siberiano es un tipo de perro. Algunas partes de su cuerpo lo ayudan a adaptarse a lugares muy fríos. Cuando la nieve vuela por el viento, entrecierra los ojos y puede ver.

El pelaje del husky tiene dos partes. La de abajo está formada por pelo muy corto. La de arriba, por pelo largo evitando que el agua toque su cuerpo. Funciona como un impermeable abrigado.

Barry Clark/Flickr/Getty Images

Vuelve a leer y haz anotaciones en el texto siguiendo las instrucciones.

Subraya detalles descriptivos que indiquen cómo se adapta el husky siberiano al frío. Escríbelos aquí:

1_____

_____

_____

2_____

_____

_____

COLABORA

Habla con un compañero acerca de cómo la autora usa el texto y el diagrama para explicar las características del husky siberiano. Agrega más ejemplos del texto en el diagrama.

Algunas partes del cuerpo del zorro fénec lo ayudan a vivir en el clima caluroso y seco del desierto. El zorro tiene orejas grandes que lo ayudan a eliminar el exceso de calor del cuerpo y pelos que atrapan la arena para que no entre en sus oídos.

Las patas del zorro tienen pelo en la parte de abajo. El pelo le protege los pies de la arena caliente. El zorro también usa las patas como una herramienta. Hace agujeros en el suelo y se queda allí adentro durante todo el día. A la noche, cuando refresca, sale nuevamente. Todas estas características ayudan al zorro fénec a vivir en el desierto.

Encierra en un círculo los detalles descriptivos que la autora usa para que comprendas cómo el zorro se adapta al calor. Escríbelos aquí: _____

_____

COLABORA

Con un compañero comenta las principales características del zorro fénec y anótalas en una tabla.

¿Por qué la autora usó la palabra "amigos" en el título de la selección?

Usa tus anotaciones para respaldar tu respuesta _____

_____

_____

_____

_____

¿Cuál es el propósito de la autora al incluir los diagramas del husky siberiano y del zorro fénec?

Coméntalo Vuelve a leer la selección. Mira con atención el diagrama del husky siberiano y del zorro fénec. Con un compañero conversa sobre las semejanzas y diferencias.

Evidencia en el texto Encierra en un círculo las semejanzas entre husky siberiano y el zorro fénec.

Husky Siberiano	Zorro fénec

Escribe El propósito de la autora es _____

_____

_____

Acuérdate

Cuando **vuelvo a leer**, pienso en la manera en que la autora usa los detalles descriptivos y las imágenes visuales para ayudar a comprender el texto.

Partes del zorro

Las orejas lo ayudan a perder el calor del cuerpo.

El pelaje es grueso.

Las patas tienen pelo que lo ayudan a no quemarse.

La cola es peluda.

**Acuérdate**

¿De qué modo las características físicas ayudan a los animales?

COLABORA

Coméntalo Piensa en las características de la golondrina, del zorro fénec y del ñu. ¿En qué se parecen?

Evidencia en el texto Subraya las palabras de la canción que nombran las características del ñu. Piensa en cómo esas características lo ayudan a sobrevivir.

Escribe La golondrina, el zorro fénec y el ñu tienen _____

_____

Puedo comparar la canción con los textos usando estos comienzos de oración:

El ñu tiene...

Los animales se parecen porque...

El ñu (canción)

Corre por la sabana,
se protege con sus cuernos
cada día de la semana
en verano y en invierno.

(Estribillo)
Tiene una voz potente
para decir "aquí estoy".
Corre desde muy pequeño
como diciendo "allá voy".

Barry Barker/McGraw-Hill Education

Antología de literatura:
páginas 142-155

Groa y Loki

¿Qué quiere mostrar la autora al usar palabras descriptivas?

COLABORA

Coméntalo Vuelve a leer las páginas 144 y 145. Comenta con tu compañero cómo es el paisaje y cuál es la actitud de Groa.

Evidencia en el texto Explica cómo usa la autora palabras descriptivas para contrastar la belleza del paisaje con la actitud de Groa. Cita evidencia del texto.

Evidencia en el texto	¿Cuál es la actitud de Groa?

Escribe La autora usa palabras descriptivas porque ____
____

LECTURA ATENTA **Consejo de la semana**

Cuando **vuelvo a leer**, puedo pensar cómo las palabras descriptivas muestran lo que sucede en el cuento.

ArtisticCaptures/Vetta/Getty Images

¿? **¿Qué significa el lenguaje figurado que usa la autora?**

Coméntalo Vuelve a leer las páginas 146 y 149. Comenta con un compañero el significado del lenguaje figurado que usa la autora en estas páginas.

Evidencia en el texto Explica el uso que hace la autora del lenguaje figurado para mostrar cómo se sentía Groa al oír el canto y ver el baile de Loki.

Lenguaje figurado	¿Qué significa?

Escribe El lenguaje figurado que usa la autora significa _____

_____

_____

_____

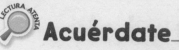

Acuérdate

Puedo usar estos comienzos de oración como ayuda cuando converso con mi compañero sobre las técnicas de la autora.

La autora usa lenguaje figurado para...

Groa se sentía feliz porque...

¿Cómo muestra la autora el problema que tiene Loki en el invierno y la solución que intenta brindar Groa?

COLABORA

Coméntalo Con un compañero vuelve a leer la página 153. Comenten cómo muestra la autora el problema de Loki.

Evidencia en el texto ¿Con qué palabras la autora te muestra el problema de Loki? Transcribe en el cuadro lo que dicen Groa y Loki.

Loki dice...	Groa dice...

Escribe La autora muestra _____

_____

_____

Acuérdate

LECTURA ATENTA

Puedo basarme en los diálogos para hacer inferencias sobre el propósito de la autora.

Tu turno

¿Qué técnicas usa la autora para mostrar lo que piensan y sienten los personajes y los problemas que deben enfrentar? Organiza tus evidencias del texto con los siguientes marcos de oración:

La autora usa...

Con esto entendemos...

¡Conéctate!
Escribe tu respuesta en línea.

"Cenicienta y sus amigos"

Cenicienta es una chica solitaria que solo tiene a ratones como amigos. Luego, sus amigos animales la ayudan a ir a un baile y todo cambia. La historia tradicional de Cenicienta viene de Europa, pero existen muchas historias parecidas en todo el mundo. Personas de diferentes partes del mundo cuentan diferentes historias como la de Cenicienta. Lee algunas de estas historias y fíjate cómo brindan ayuda los animales amigos de Cenicienta.

Vuelve a leer y haz anotaciones en el texto siguiendo las instrucciones.

Subraya en el texto las pistas que te permitan comprender por qué Cenicienta tiene distintos nombres y diferentes animales como amigos. Escríbelas aquí.

1. _____

_____

_____

2. _____

_____

COLABORA

Conversa con un compañero acerca de cómo el autor te brinda información sobre Cenicienta y te anticipa lo que leerás en esta selección.

Alex Steele-Morgan

El único amigo de Yeh-Shen era un hermoso pez. Un día, el pez murió, y Yeh-Shen enterró sus huesos. Los huesos del pez eran mágicos, entonces Yeh-Shen pidió un deseo. Quería ir al festival de primavera. Los huesos del pez le dieron un hermoso vestido y zapatillas de oro. En el festival, Yeh-Shen perdió una de sus zapatillas. Luego, el rey encontró la zapatilla perdida y dijo que quería casarse con su dueña. Muchas jóvenes se probaron la zapatilla de oro, pero solo a Yeh-Shen le quedó bien. Se casó con el rey y vivieron felices por siempre.

Vuelve a leer el fragmento. Encierra en un círculo las palabras que digan quiénes eran sus amigos. Di qué otra información te aportan los detalles de la ilustración. Escríbela aquí.

1. _____

_____

2. _____

_____

COLABORA

Conversa con un compañero sobre cómo el autor organizó el texto. Rodea con una línea los marcos donde encuentra la información.

¿Qué información aportan esos marcos?

_____

_____

_____

¿? **¿Cuál fue el propósito del autor al escribir esta selección?**

Coméntalo Vuelve a leer la selección completa. Luego vuelve a leer el último párrafo. Junto a un compañero comenta el mensaje que el autor quiso dejar a los lectores.

Evidencia en el texto Subraya cada una de las enseñanzas que quiso dejar el autor.

Yeh-Shen	Rhodopis	Cenicienta zuñi

Escribe El propósito del autor es _____

_____

_____

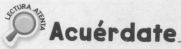

Acuérdate

Cuando **vuelvo a leer**, pienso en cuáles fueron las enseñanzas que comparten todas las versiones de Cenicienta.

Alex Steele-Morgan

¿? ¿Qué puedes aprender sobre los animales de las máscaras en la fotografía y sobre los personajes animales de las selecciones de esta semana?

Coméntalo Piensa en los animales de las selecciones que leíste esta semana. ¿Cómo te ayudan a aprender más sobre los animales? Conversa sobre los animales que ves en la fotografía.

Evidencia en el texto ¿Por qué crees que el fotógrafo tomó las imágenes de las máscaras? Haz un círculo alrededor de las máscaras que expresan algún sentimiento.

Escribe De las máscaras de animales y de los animales de las selecciones de esta semana puedo aprender _____

_____

_____

©Glow Images/SuperStock

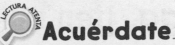

Acuérdate

Puedo describir lo que aprendí usando estos comienzos de oración:

Las máscaras muestran...

Los personajes animales me enseñan...

Máscaras faciales de Panamá, sobre un fondo de paja

Tortuga, ¡ten cuidado!

 ¿Cómo sabes que los huevos de tortuga podrían estar en peligro?

Antología de literatura: páginas 162-179

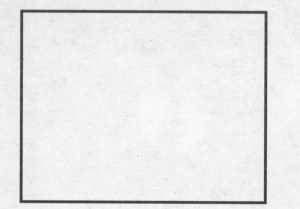

COLABORA

Coméntalo Vuelve a leer las páginas 166 y 167 y mira las ilustraciones. ¿Qué están haciendo las personas? ¿Por qué?

Evidencia en el texto Anota 2 maneras en que las personas ayudan a las tortugas.

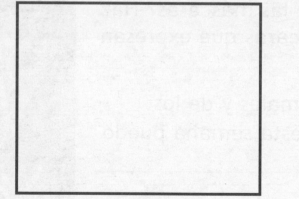

Escribe Los huevos podrían estar en peligro porque _____

_____

_____

LECTURA ATENTA Consejo de la semana

Al **volver a leer**, puedo comprender mejor el orden de los sucesos.

Stella

Blend Images - KidStock/Getty Images

¿Cómo ayudan unas "manos pequeñas" a las tortugas a hallar su camino hacia el océano?

Coméntalo Vuelve a leer las páginas 170 y 171. ¿Hacia dónde crees que irán las tortugas? ¿Por qué piensas eso?

Evidencia en el texto ¿Por qué las manos pequeñas apagan la luz?

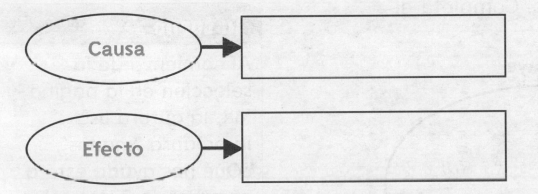

Causa →

Efecto →

Escribe Los humanos ayudan a las tortugas a conocer el camino correcto al _____

_____

_____

Acuérdate

Mientras vuelves a leer, di:

Puedo usar los comienzos de oración para comentar cómo ayudan las manos pequeñas.

Las tortugas saben...

Las manos pequeñas ayudan al...

¿Por qué la autora dice "No hay manos que puedan ayudarla ahora" en la página 176?

COLABORA

Coméntalo Mira la ilustración en la página 176. Comenta cómo el océano puede ser un lugar peligroso para una tortuga.

Evidencia en el texto Escribe qué peligros enfrenta la tortuga en la playa y en el océano. Completa el organizador gráfico con los datos.

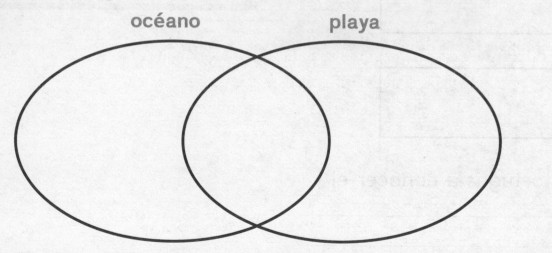

océano   playa

Escribe La autora dice "No hay manos que puedan ayudarla ahora" porque _____

_____

_____

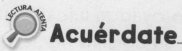

Acuérdate

Cuando **vuelvo a leer**, busco detalles sobre el hábitat de la tortuga y los peligros que enfrenta allí.

Tu turno

Al comienzo de la selección en la página 164, la autora usa la palabra "manos". ¿Qué nos ayuda esto a comprender? Usa estos marcos de oración:

La palabra "manos" hace referencia a...

Las manos afectan a la tortuga al...

¡Conéctate!
Escribe tu respuesta en línea.

"La casa en el río"

Una familia de patos arcoíris anda flotando por el río. La madre lleva a los patitos a la orilla. Se alimentan de las plantas que crecen en el agua, que se llaman lentejas de agua.

Adriaan Van den Berg/Outcaster

Vuelve a leer y haz anotaciones en el texto siguiendo las instrucciones.

¿Qué les proporciona el río a los patos arcoíris? Subraya las pistas.

¿Cómo se asegura la madre de que sus patitos estén a salvo? Encierra las pistas en un círculo.

COLABORA

Conversa con un compañero acerca de en qué se diferencia el pato arcoíris de la tortuga en *Tortuga, ¡ten cuidado!*

Una sale del río para poner huevos. Come caracoles y gusanos en la orilla. Cuando encuentra dónde poner los huevos, cava un hoyo con las patas traseras. Cubre los huevos con tierra. Después de dos meses, nacen las tortugas bebé. Comienzan su viaje hacia la orilla. Un mapache duerme en un hoyo en el árbol. Los mapaches comen tortugas.

Timothy Mainiero/Pixtal/Superstock

Subraya detalles acerca de cómo la tortuga moteada hace del río su hogar. Escríbelos aquí.

_____

_____

_____

_____

_____

_____

COLABORA

Describe cómo pone sus huevos una tortuga moteada. Encierra en un cuadro las pistas.

¿Por qué "La casa en el río" es un buen título para esta selección?

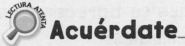
COLABORA

Coméntalo Comenta por qué los animales de esta selección eligieron el río para vivir.

Evidencia en el texto Escribe detalles que muestren por qué el río es una buena casa para los animales.

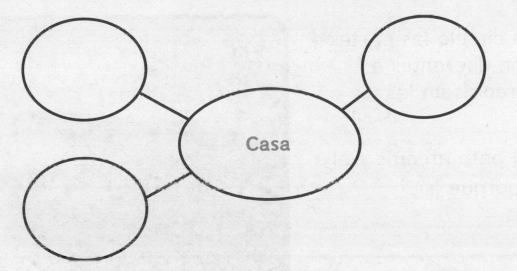

Casa

Escribe "La casa en el río" es un buen título porque _____

_____

_____

¿? **¿En qué se parecen y en qué se diferencian los hábitats de los animales?**

COLABORA

Coméntalo Piensa sobre las características del hábitat del alce que ves en la fotografía. Comenta las similitudes y diferencias entre los hábitats de la tortuga en *Tortuga, ¡ten cuidado!*, el pato arcoíris en "La casa en el río" y el alce de la fotografía.

Evidencia en el texto Encierra en un círculo las partes del hábitat del alce en la foto que son diferentes a los hábitats de la tortuga y el pato arcoíris en las selecciones de esta semana.

Escribe Los hábitats de la tortuga, el pato arcoíris y el alce se parecen pero se diferencian porque _____

_____

_____

_____

_____

LECTURA ATENTA
Acuérdate

Puedo describir el hábitat del alce usando estos comienzos de oración:

El alce come...

El alce puede buscar refugio en...

© Image Source/Alamy

Perfil de un alce

Osos bebés

¿Cómo te ayuda la autora a comprender que los osos son diferentes?

Antología de literatura: páginas 184-199

Cométalo Vuelve a leer las páginas 190 y 191. Conversa con un compañero acerca de en qué se parecen todos los osos.

Evidencia en el texto Escribe lo que aprendes del texto, las fotos y los pies de fotos sobre en qué se diferencian los pelajes de los osos.

LECTURA ATENTA **Consejo** **de la semana**

Cuando **vuelvo a leer,** puedo comentar sobre las diferencias entre los osos.

Lo que aprendí del texto	Lo que aprendí de las fotos

Nick

Escribe La autora me ayuda a comprender que los osos son diferentes al _____

_____

_____

¿Cómo ayudan los títulos a organizar el texto?

COLABORA

Coméntalo Vuelve a leer las páginas 194 y 195. Comenta qué te cuentan los títulos en cada página.

Evidencia en el texto Escribe el título de la página 194. Luego escribe tres detalles del texto debajo del título.

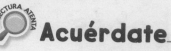

Acuérdate

Mientras vuelves a leer, di:

Puedo usar estos comienzos de oración para comentar cómo los títulos organizan el texto.

El título en la página 194 cuenta sobre...

Si quiero saber más sobre el alimento de los osos, iría a...

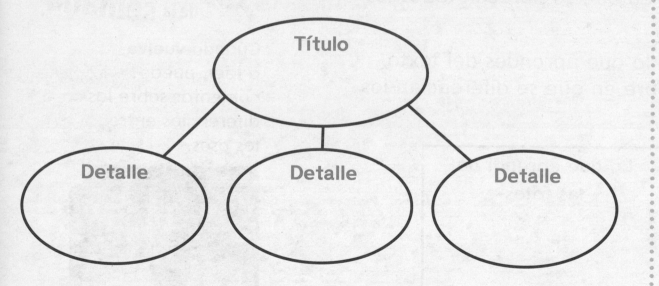

Título

Detalle   Detalle   Detalle

Escribe Los títulos ayudan al mostrarme _____

_____

_____

¿? ¿Cómo te ayuda el diagrama a comprender cómo las crías se convierten en osos adultos?

COLABORA

Coméntalo Vuelve a leer la página 198. Comenta cómo una cría se convierte en un adulto. Explica por qué el diagrama es un círculo.

Evidencia en el texto Escribe los pasos del ciclo de vida de un oso en la página 198. ¿Cuándo vuelve a comenzar el ciclo de vida?

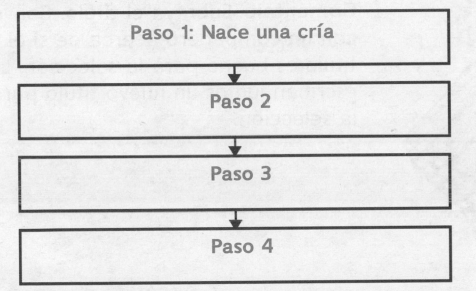

Paso 1: Nace una cría

Paso 2

Paso 3

Paso 4

Escribe El diagrama me ayuda a comprender cómo _____

_____

Acuérdate

Puedo **volver a leer** para usar las características del texto como ayuda para comprender el texto.

Tu turno

¿Cómo te ayuda la manera en que la autora organizó la información a comprender cómo crecen los osos?

La autora comienza con un oso....

La autora organiza la información al...

¡Conéctate!
Escribe tu respuesta en línea.

"De oruga a mariposa"

La mariposa no es un mamífero. No tiene crías vivas ni las alimenta con leche. La mariposa es un insecto. Pone huevos.

Vuelve a leer y haz anotaciones en el texto siguiendo las instrucciones.

¿Cómo tienen crías las mariposas? Encierra la respuesta en un círculo.

¿En qué se diferencia una mariposa de un oso? Dibuja un recuadro alrededor de la pista.

COLABORA

Coméntalo Subraya el título. Conversa con un compañero acerca de si el título es bueno para la selección. Luego escriban juntos un nuevo título para la selección.

Lee Canfield/SuperStock

Ciclo de vida de la mariposa

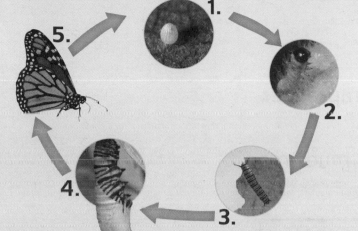

5.

4.

1.

2.

3.

1. Huevo

La mariposa adulta pone un huevo sobre una hoja.

2. Larva

Después de 3 o 4 días, una oruga pequeña sale del huevo. Las orugas son una especie de larva. La oruga se come la cáscara del huevo.

3. Oruga

Durante, aproximadamente, dos semanas, la oruga come hojas y crece.

4. Crisálida

La oruga forma un capullo a su alrededor. El capullo se llama crisálida.

5. Adulta

Dos semanas después, la mariposa adulta sale de la crisálida. Pondrá un huevo en una hoja y el ciclo continuará.

Subraya detalles acerca de dos cambios importantes que sufre una mariposa. Escríbelos aquí.

_____

_____

COLABORA

Coméntalo Comenta acerca de cómo las flechas y las fotos te ayudan a comprender el ciclo de vida.

_____

_____

¿? ¿Cuál es el propósito de la autora al escribir "De oruga a mariposa"?

COLABORA

Coméntalo ¿Cómo te ayuda el ciclo de vida a comprender la diferencia entre una mariposa y su cría?

Evidencia en el texto Escribe pistas del texto que muestren el propósito de la autora.

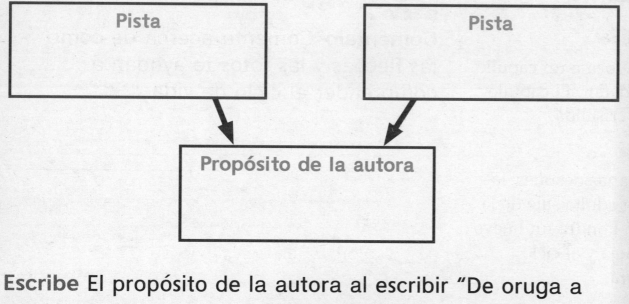

| Pista | Pista |

Propósito de la autora

Escribe El propósito de la autora al escribir "De oruga a mariposa" es _____

_____

_____

¿? ¿Los leones de la estatua son más similares a los osos en *Osos bebés* o a las orugas en "De oruga a mariposa"?

COLABORA

Coméntalo Comenta por qué piensas que el escultor decidió esculpir al león y las crías como tema para esta estatua.

Evidencia en el texto Encierra en un círculo los detalles de la escultura que hacen que los leones sean más similares ya sea a los osos o a las orugas.

Escribe Los leones son más similares a _____

_____

_____

Albert Barr/iStock /Getty Images Plus/Getty Images

Acuérdate

Puedo comparar usando estos comienzos de oración:

Las crías de los leones son...

Y los osos bebés son...

Pero las orugas son...

Foto de una estatua de leones

"La mariposa", "La ardilla soñadora"

 ¿Qué palabras seleccionó el autor de "La mariposa" para sugerir el vuelo de la mariposa?

Antología de literatura: páginas 204-206

COLABORA

Coméntalo Vuelve a leer las páginas 204 y 205. Comenten en parejas las características del lenguaje del poema.

Evidencia en el texto Explica el modo en que el autor usa lenguaje preciso para sugerir el vuelo de la mariposa.

Lenguaje	¿Por qué es efectivo?

Escribe El autor sugiere el vuelo de la mariposa cuando ___

_____

Consejo de la semana

Cuando **vuelvo a leer**, puedo pensar cómo el autor selecciona las palabras para expresar lo que hace la mariposa, y para dar ritmo y rima a su poema.

Martin

Destinations by DES-Desislava Panteva Photography/Moment/Getty Images

¿Cómo muestra el autor de "La ardilla soñadora" que la rima es un buen recurso para este poema?

Coméntalo Vuelve a leer la página 206. Comenten en parejas el modo en que la rima ayuda a los lectores a comprender el poema.

Evidencia en el texto ¿Qué rimas te ayudan a comprender el poema?

Rima	¿Por qué es efectiva?

Escribe El uso de la rima es efectivo porque _____

_____

_____

Acuérdate

El lenguaje preciso ayuda a los lectores comprender el poema, y a disfrutar con el ritmo y la rima.

Tu turno

¿Cómo seleccionan las palabras los autores para usar un lenguaje preciso? Organiza las evidencias del texto con los siguientes marcos de oración:

Los autores usan palabras...

Esto es efectivo porque...

¡Conéctate!
Escribe tu respuesta en línea.

"¿Qué es el gato?, ¿Qué es el tigre?"

¿Por qué la selección de palabras es efectiva en estos poemas?

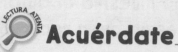

COLABORA

Coméntalo Conversen en parejas sobre otras metáforas que podrían usar para comparar un gato y un tigre.

Evidencia en el texto Escribe dos ejemplos de por qué la palabra "gota" es efectiva en estos poemas.

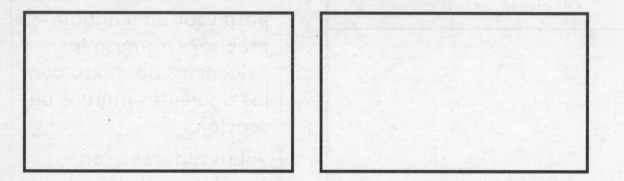

Escribe La selección de palabras es efectiva porque _____

_____

¿Cuál es el propósito del autor con estos poemas?

COLABORA

Coméntalo Vuelve a leer los dos poemas. Comenta con un compañero el mensaje que el autor deja a los lectores.

Evidencia en el texto Escribe un detalle de las palabras que usó el autor para hacer metáforas en los poemas.

Palabra	Detalle

Escribe El propósito del autor es _____

_____

_____

Acuérdate

Cuando **vuelvo a leer**, pienso en por qué el autor usa la frase "aguacero de gatos" en el poema "¿Qué es el tigre?".

¿? **¿Cómo usan los poetas el lenguaje sensorial para hablar acerca de los animales?**

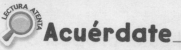
COLABORA

Coméntalo Piensa en las cosas de la vaca que le gustan al poeta. ¿En qué se parecen a las cosas que les gustan a los autores de "La mariposa" y de "La ardilla soñadora"?

Evidencia en el texto Encierra en un círculo las palabras sensoriales del poema "Una vaca".

Escribe Los autores de "La mariposa", "La ardilla soñadora" y "Una vaca" usan lenguaje sensorial para _____

_____

_____

_____

LECTURA ATENTA
Acuérdate

Puedo hablar sobre el lenguaje sensorial usando estos comienzos de oración:

Pienso en el sentido de la vista cuando...

Otro verso con lenguaje sensorial es...

Una vaca

Es hermosa esta vaca
con pelaje negro y blanco
que muge, camina y pasta
en el medio de este campo.
La paz y el amor sincero
que demuestra cada día
cuando cuida a su ternero
me llenan de fe y alegría.

Me caigo

¿? ¿Cómo te ayuda la manera en que la autora organiza el texto a comprender la información?

Antología de literatura: páginas 210-225

COLABORA

Coméntalo Vuelve a leer las páginas 212 y 213. ¿Cómo te ayuda la ubicación del texto a comprender la selección?

Evidencia en el texto Usa la información de las páginas 212 y 213 para completar la siguiente tabla.

	Ejemplo y página	¿Cómo me ayuda?
Tamaño del texto		
Color del texto		
Ubicación del texto		

Escribe La ubicación del texto en estas páginas me ayuda a comprender _____

_____

Consejo de la semana

Cuando **vuelvo a leer**, busco pistas en la forma en que están ubicadas las palabras en la página.

Paul

Fancy Collection/SuperStock

¿Cómo te ayudan las ilustraciones a comprender la gravedad?

COLABORA

Coméntalo Estudia las ilustraciones en las páginas 216 y 217 y describe lo que ves.

Evidencia en el texto Escribe lo que aprendes de las ilustraciones sobre los diferentes tipos de objetos.

Ilustración	Lo que aprendo
Caída de objetos pequeños	
Caída de objetos grandes	
Caída de objetos afectados por el aire	

Escribe Las líneas de puntos en las imágenes muestran que _____

_____

_____

¿Cómo usa la autora el texto y las ilustraciones en conjunto?

Acuérdate

Cuando **vuelvo a leer,** busco pistas en el texto y las ilustraciones.

Coméntalo Comenta las diferentes maneras en que el texto y las ilustraciones interactúan en las páginas 220 y 221.

Evidencia en el texto Explica el propósito de cada combinación de texto e ilustración.

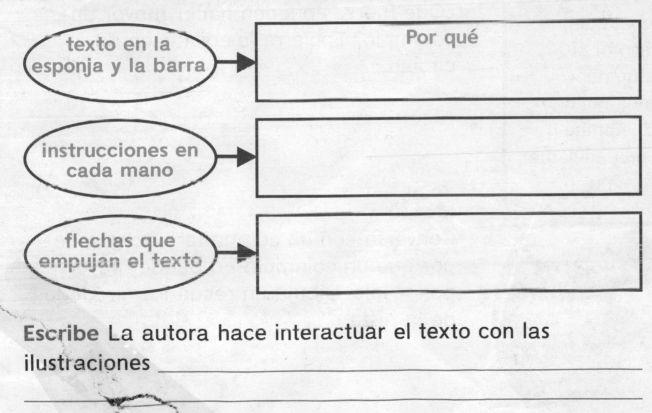

texto en la esponja y la barra → Por qué

instrucciones en cada mano →

flechas que empujan el texto →

Escribe La autora hace interactuar el texto con las ilustraciones _____

_____

Tu turno

¿Cómo muestra la autora a través de las ilustraciones la manera en que se relacionan la gravedad y el peso? Usa estos marcos de oración:

La ubicación del texto en las páginas aclara las ilustraciones al....

Las ilustraciones del jabón y la esponja...

¡Conéctate!
Escribe tu respuesta en línea.

"¡Muévelo!"

El lugar donde algo se encuentra es su posición. Cuando algo se mueve, cambia de posición. Esto se llama movimiento. Pero ¿qué causa el movimiento?

Piensa en un columpio. Al igual que otros objetos, no puede moverse por sí solo. Necesita el empuje o el jalón de una fuerza diferente. Una persona puede empujar o jalar un columpio. El empuje y el jalón hacen que se mueva hacia adelante y hacia atrás.

Vuelve a leer y haz anotaciones en el texto siguiendo las instrucciones.

¿Qué significa "movimiento"? Subraya la definición.

_____

_____

¿Qué fuerzas pueden hacer mover un columpio? Encierra las pistas en un círculo.

_____

_____

COLABORA

Conversa con un compañero acerca de por qué un columpio no puede moverse por sí solo. Dibuja un recuadro alrededor de la pista.

Stockbyte/PunchStock

¿Dónde puedes ver mucho movimiento? ¡En un partido de fútbol! Hay muchas fuerzas en juego. Cada patada es un empuje que mueve el balón. Si un jugador patea fuerte, el balón se mueve a una velocidad rápida. Con un golpe suave, se mueve lentamente. La velocidad es la distancia que recorre algo en cierto tiempo.

Un jugador puede patear el balón en línea recta. Él o ella pueden patearlo hacia arriba, pero la fuerza de gravedad lo hará bajar de nuevo.

¿Cómo pueden los jugadores controlar la velocidad del balón? Subraya las pistas.

Encierra en un círculo las diferentes maneras en que se puede poner un balón en movimiento durante un partido de fútbol.

COLABORA

Comenta cómo te ayuda la fotografía a comprender la información de esta página. Encierra en un círculo la parte que muestra un empuje.

¿En qué se parece el movimiento del columpio al movimiento de un balón de fútbol? ¿Qué dice esto sobre otros objetos?

COLABORA

Coméntalo ¿Qué necesitan el columpio y el balón para moverse?

Evidencia en el texto Escribe en qué se parece el movimiento del columpio al movimiento del balón de fútbol. Usa vocabulario importante del texto.

Columpio

El movimiento de ambos

Balón

Escribe Los movimientos similares del columpio y el balón de fútbol me enseñan que _____

_____

¿? ¿Cómo te ayudan el fotógrafo y los autores de *Me caigo* y "¡Muévelo!" a comprender lo que pueden hacer las fuerzas de la Tierra?

COLABORA

Coméntalo Comenta cómo las fuerzas de la Tierra afectan a una moneda que cae de la mano y una persona que patea un balón de fútbol en el aire. Lee el pie de foto y mira la fotografía. Conversa con un compañero sobre por qué el edificio está inclinado.

Evidencia en el texto Encierra en un círculo las pistas en la fotografía que muestran que el edificio está inclinado. Subraya la evidencia del texto en el pie de foto que explica por qué dejó de inclinarse.

Escribir Comprendo lo que pueden hacer las fuerzas de la Tierra porque el fotógrafo y los autores _____

Acuérdate

Puedo comparar las fuerzas de la Tierra usando estos comienzos de oración:

La gravedad es...

El movimiento es...

La velocidad es...

Mientras la torre inclinada de Pisa en Italia se estaba construyendo, la alta y pesada estructura de piedra caliza empezó a inclinarse hacia un lado. El suelo blando no podía sostenerla. Los trabajadores tuvieron que solucionarlo, o el edificio se habría caído.

© Images&Stories/Alamy

¡Me picó la luna!

¿Qué técnica usó la autora para mostrar cómo cree Macario que funcionan todas las cosas?

Antología de literatura: páginas 230-247

Coméntalo Vuelve a leer las páginas 232 a 237. Con un compañero comenta el punto de vista de Macario en esta parte de la selección.

Evidencia en el texto Explica el modo en que la autora muestra el punto de vista de Macario.

Evidencia en el texto	¿Qué muestra?

Escribe La técnica de la autora es _____

_____

Consejo de la semana

Cuando **vuelvo a leer**, puedo pensar de qué manera la autora usa el punto de vista.

Amelia

McGraw-Hill Education

¿De qué manera demuestra la autora cómo ayuda Micaela a Macario a comprender que su punto de vista está equivocado?

COLABORA

Coméntalo Vuelve a leer las páginas 240 y 241. Con un compañero comenta los detalles de los sucesos del cuento.

Evidencia en el texto ¿Qué sucede cuando Macario aprende que los seres vivos se mueven sin pilas, gritan, muerden y patean?

Evidencia en el texto	¿Qué demuestra?

Escribe La autora demuestra cómo Micaela ayuda a Macario cuando _____

_____

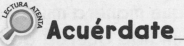
Acuérdate

Puedo usar los comienzos de oración cuando converso con mi compañero sobre cómo el punto de vista me ayuda a comprender el texto.

Macario cree que ...

Micaela le explica que...

¿De qué manera muestra la autora que Macario está confundido acerca de la Luna?

Coméntalo Vuelve a leer las páginas 244 a 247 y presta atención a los detalles. Con un compañero comenta el mensaje que la autora quiere transmitir.

Evidencia en el texto Usa los detalles descriptivos de la autora para mostrar la confusión de Macario.

Evidencia en el texto	Significado

Escribe La autora muestra que Macario está confundido ___
_____

Acuérdate

Puedo tener en cuenta el orden de los sucesos para ver qué cambia en el punto de vista de Macario.

Tu turno

¿Por qué el punto de vista es una técnica de la autora importante en este cuento? Organiza las evidencias del texto con los siguientes marcos de oración:

El punto de vista ayuda a...

Esto es importante porque...

¡Conéctate!
Escribe tu respuesta en línea.

"Del día a la noche"

El cielo de día

Hoy el cielo está despejado. Es azul, hay nubes blancas y brilla el Sol. El Sol es lo que más brilla en el cielo. Parece pequeño, pero es porque está lejos de la Tierra.

Vuelve a leer y haz anotaciones en el texto siguiendo las instrucciones.

Vuelve a leer el párrafo. Subraya dos ejemplos de detalles descriptivos sobre qué vemos en el cielo durante el día. Escríbelos aquí:

1. _____

_____

2. _____

_____

COLABORA

Habla con un compañero acerca de cómo organiza el texto la autora. Explica por qué este modo de organización te ayuda a comprender mejor la idea principal y los detalles.

Hola, Sol. . . Adiós, Sol

Si observaras el Sol todo el día, te parecería que recorre el cielo. Pero el Sol no se mueve, sino que es la Tierra la que rota, aunque no lo notes. Tarda 24 horas, o un día, en dar una vuelta completa. Durante la mitad de ese tiempo, tu hogar está de frente al Sol: es de día. Pero el resto del tiempo, tu casa no mira al Sol. Por eso es de noche.

Cuando el Sol ilumina tu casa, es de día. Pero como la Tierra rota, cuando tu casa está opuesta al Sol, es de noche.

Vuelve a leer la sección "Hola Sol… Adiós Sol". Subraya los detalles que la autora usa para explicar que lo que se mueve es la Tierra y no el Sol. Escríbelos aquí:

_____

_____

COLABORA

Vuelve a mirar la fotografía y lee el pie de foto. Con un compañero comenta por qué en algunos lugares es de día y en otros lugares es de noche.

¿Por qué la autora compara y contrasta el día y la noche? Usa tus anotaciones para respaldar tu respuesta.

_____

_____

_____

_____

NASA/NOAA/SPL/Getty Images

¿Cuál es el propósito de la autora con este texto?

 **Acuérdate**

Cuando **vuelvo a leer**, pienso en la manera en que la autora usa los detalles y las fotografías para ayudar a los lectores a comprender el texto.

Coméntalo Conversa sobre lo que aprendiste en esta selección.

Evidencia en el texto Escribe los datos que aprendiste en el texto. Luego, escribe por qué la autora escribió "Del día a la noche".

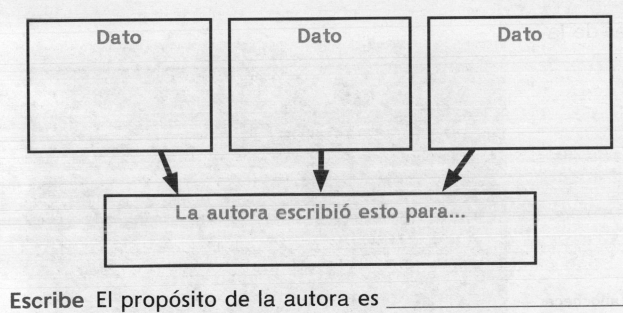

| Dato | Dato | Dato |

La autora escribió esto para...

Escribe El propósito de la autora es _____

_____

¿Cómo te ayuda la pintura a comprender el modo en que cambia el cielo cuando anochece?

Coméntalo Piensa en el cielo que ves en la pintura. ¿En qué se parece a lo que Macario ve en el cielo? Conversa sobre lo que las personas ven en el cielo cuando anochece.

Evidencia en el texto Encierra en un círculo las claves que te indican que la pintura muestra un anochecer.

Escribe En el cielo del anochecer de la pintura puedo ver _____

_____

_____

Acuérdate

Puedo describir el cielo nocturno usando estos comienzos de oración:

Por la noche puedo ver...

Sin la luz del sol puedo ver...

Digital Image: Yale Center for British Art

Esta pintura de un cielo al anochecer es de William Turner. Muestra cómo la luz diurna se va desvaneciendo en el horizonte y un cometa que cruza el cielo.

Biblioburro

Antología de literatura:
páginas 254-273

¿? ¿Cómo sabes lo que piensa Luis acerca del viaje antes de partir?

COLABORA

Coméntalo Vuelve a leer las páginas 256 y 257. ¿Qué idea se le ocurre a Luis?

Evidencia en el texto ¿Qué está pensando Luis en las ilustraciones de la página 257?

Consejo de la semana
LECTURA ATENTA

Cuando **vuelvo a leer**, hallo claves en el texto y en las ilustraciones.

Clave	Lo que aprendo

Timmothy

Escribe Aprendí que Luis piensa que su viaje será _____

_____

_____

Fancy/SuperStock

¿Cómo ayudan las ilustraciones a entender cómo se viaja en la montaña?

COLABORA

Coméntalo Vuelve a leer las páginas 264 y 265. Describe lo que ves en la ilustración.

Evidencia en el texto Escribe tres cosas que veas en la ilustración y luego saca una conclusión sobre los viajes de Luis.

Acuérdate

Cuando **vuelvo a leer**, puedo usar estos comienzos de oración para hablar sobre la ilustración.

Veo...

Esto me hace pensar...

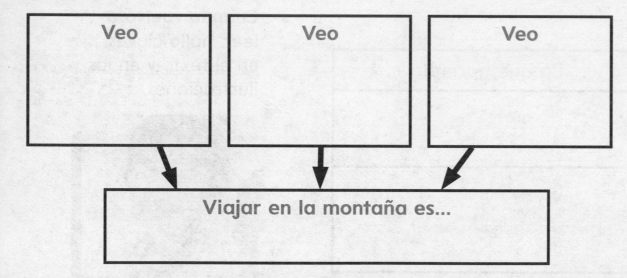

| Veo | Veo | Veo |

Viajar en la montaña es...

Escribe Las ilustraciones me ayudan a entender que _____

_____

¿Qué pistas de la ilustración muestran qué piensan los niños sobre los libros?

Coméntalo Vuelve a leer las páginas 268 y 269. Comenta con un compañero qué están haciendo los niños y cómo se ven.

Evidencia en el texto Escribe acerca de qué están haciendo los niños y cómo se sienten.

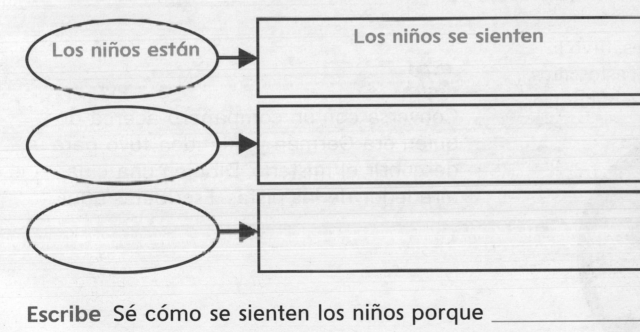

Los niños están ⟶ Los niños se sienten

Escribe Sé cómo se sienten los niños porque _____

_____

Tu turno

¿Cómo usa la autora las ilustraciones para mostrar lo que sienten los niños por la lectura?

La autora mostró a Luis...

Todos los niños...

¡Conéctate!
Escribe tu respuesta en línea.

"El caballito de los siete colores"

En una pequeña aldea vivían campesinos que cultivaban maíz, calabazas y tomates. Los vecinos colaboraban en las tareas, y así el trabajo resultaba más sencillo. Pero todas las mañanas se encontraban con una triste sorpresa. ¡La huerta estaba revuelta y faltaban hortalizas!

Germán, uno de los más jóvenes, tuvo la idea de esconderse detrás de unos pastos altos.

—¡Así sabremos quiénes se llevan nuestros cultivos!

Vuelve a leer y haz anotaciones en el texto siguiendo las instrucciones.

Subraya en el texto dos pistas que muestren qué problema tenían los campesinos. Escríbelas aquí.

1. _____

_____

2. _____

_____

Anabella López

COLABORA

Conversa con un compañero acerca de quién era Germán y qué idea tuvo para descubrir el misterio. Dibujen una caja alrededor de las pistas. Escríbelas aquí:

1. _____

_____

2. _____

_____

Apenas se escondió, divisó unos caballos que se acercaban. Eran de colores muy brillantes: rojo, azul, verde, amarillo. Germán corrió hacia ellos y lanzó una cuerda. Así logró atrapar a uno. ¡Tenía el pelaje con los colores del arcoíris!

El caballito no intentó escapar. Miró a Germán a los ojos y le ofreció: —Si me sueltas, haré que tus hortalizas germinen en un instante.

El joven aceptó el trato. Así fue como los vegetales crecieron más grandes que nunca. El caballo venía de una región donde los animales tenían poderes mágicos.

Subraya en el texto qué solución ofrece el caballito para solucionar el problema. Escríbelo aquí con tus propias palabras. _____

_____

_____

COLABORA

Vuelve a leer el texto. Comenta con un compañero la decisión de Germán. Indiquen si piensan si fue acertada y por qué. Encierra en un círculo la oración que respalda la decisión de Germán. _____

_____

¿Quién era el caballito?

Usa tus anotaciones para apoyar tu respuesta. _____

_____

¿? **¿Por qué crees que el caballito tenía los colores del arcoíris?**

COLABORA

Coméntalo Vuelve a leer la selección y observa las ilustraciones. Conversa con un compañero acerca de los vegetales que cultivaban los campesinos. Luego, observa las ilustraciones. ¿Qué tienen en común?

Evidencia en el texto Escribe las pistas en el siguiente cuadro.

Pista	Evidencia en el texto

Escribe El caballito tenía los colores del arcoíris porque ____
____
____

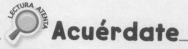

Acuérdate

Puedo encontrar las claves para responder las preguntas sobre el texto.

Anabella López

¿? ¿Qué puede hacer cada persona para ayudar a la comunidad?

COLABORA

Coméntalo Conversa sobre cómo Luis en *Biblioburro* y el caballito de los siete colores ayudaron a su comunidad. ¿Cómo ayudan los vecinos de la canción a la comunidad?

Evidencia en el texto Encierra en un círculo cómo ayudan los vecinos al nogal. Subraya las claves que muestran que lo que hacen los vecinos ayuda a la comunidad.

Escribe Una persona puede ayudar a la comunidad _____

_____

_____

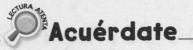
Acuérdate

Puedo hacer comparaciones entre los tres textos usando estos comienzos de oración:

El problema de Luis era...

La solución del caballito fue

Al cuidar el nogal, los vecinos...

El nogal de todos (canción)

Muy cerca de nuestra escuela
crece un hermoso nogal.
Para todos los vecinos
es un árbol especial.

Lo cuidamos de las plagas,
del viento y de la sequía.
Entonces nuestro nogal
ofrece nueces con alegría.

Tiempo tormentoso

 ¿Por qué el autor compara los relámpagos con dos cosas distintas?

Antología de literatura: páginas 278-287

COLABORA

Coméntalo Vuelve a leer la página 280. Comenta con qué dos cosas distintas se compara al relámpago.

Evidencia en el texto Describe las dos comparaciones y luego explica lo que dicen acerca de los relámpagos.

Consejo de la semana

Cuando **vuelvo a leer**, hallo pistas en los detalles descriptivos.

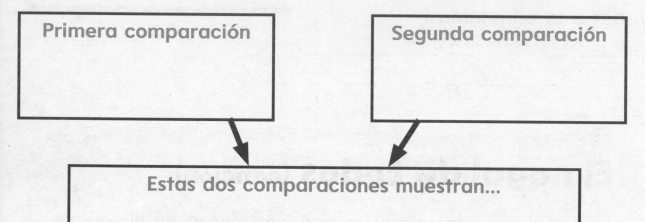

Primera comparación	Segunda comparación

Estas dos comparaciones muestran...

Andrew

Escribe El autor compara al relámpago con un dedo y el Sol porque _____

_____

Eclipse Studios/McGraw-Hill Education

¿Por qué el autor usa dos fotografías para mostrar un tipo de tormenta?

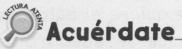

Coméntalo Vuelve a leer las páginas 282 y 283. Comenta sobre lo que muestra cada fotografía.

Evidencia en el texto Escribe sobre lo que aprendiste de cada fotografía de las páginas 282 y 283.

	Lo que aprendí

Escribe El autor usa dos fotografías para mostrar _____

_____

_____

_____

Cuando **vuelvo a leer**, puedo usar estos comienzos de oración para hablar sobre las fotografías:

La fotografía grande muestra...

La fotografía pequeña muestra...

¿Qué quiere el autor que entendamos sobre las tormentas al incluir el recuadro de "Consejos de seguridad"?

COLABORA

Coméntalo Vuelve a leer el recuadro de la página 287. Comenta con un compañero qué les enseña.

Evidencia en el texto Escribe tres cosas que aprendes del recuadro.

Lo que aprendo del recuadro

Escribe El recuadro me ayuda a entender _____

_____

Tu turno

¿Cómo te ayuda el autor a comprender la manera en que el tiempo tormentoso afecta a las personas? Usa estos marcos de oración:

El autor usa...

Las fotos muestran...

¡Conéctate!
Escribe tu respuesta en línea.

"¿Puede pronosticarse el tiempo?"

La gente quiere saber cómo está el tiempo: si hace calor o frío, si lloverá o nevará. También es importante que sepa si habrá un acontecimiento climático peligroso, como una tormenta eléctrica.

¿Cómo está el tiempo hoy?

Existen instrumentos que sirven para determinar cómo está el tiempo. Algunos pueden usarse en el hogar. Por ejemplo, un termómetro indica la temperatura. Mide si el aire está cálido o frío. Una veleta indica la dirección del viento. La veleta gira y muestra de dónde viene el viento. Si la dirección del viento cambia, el estado del tiempo también cambiará.

Ken Cavanagh/McGraw-Hill Education

Vuelve a leer y haz anotaciones en el texto siguiendo las instrucciones.

¿Qué quiere saber la gente sobre el tiempo? Subraya las pistas en el texto.

1. _____
   _____

2. _____
   _____

¿Qué instrumentos sirven para determinar el tiempo? Encierra las pistas en un círculo.

1. _____

2. _____

Conversa con un compañero sobre qué instrumento usarías para saber qué sucede con el tiempo. Une con flechas los instrumentos con lo que te enseñan.

Algunos instrumentos meteorológicos indican cómo está el tiempo en este momento y otros señalan cómo estará próximamente. La meteorología estudia el estado del tiempo. Usa instrumentos para predecirlo y así confecciona el pronóstico.

Los meteorólogos usan radares para controlar el tiempo mediante ondas de energía. Sus imágenes indican si se aproximan tormentas, lluvia o nieve. Cuando viene una tormenta fuerte, emiten una advertencia y muestran la velocidad y la dirección en la que esta se mueve.

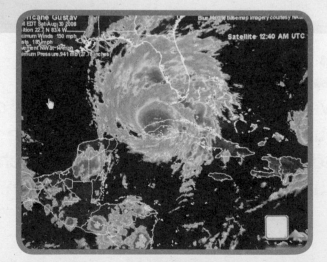

Subraya el nombre de las personas que estudian el tiempo. Escribe el nombre aquí: _

_____

_____

COLABORA

Encierra en un círculo las cosas que muestran las imágenes del radar. Comenta con un compañero por qué es importante saber cómo será el tiempo en el futuro.

_____

_____

_____

_____

_____

_____

¿Cómo organiza el autor la nota al margen? ¿Por qué?

COLABORA

Coméntalo Comenta con un compañero cómo el autor diseñó el cuadro "Seguridad en una tormenta eléctrica". ¿Qué dicen los títulos?

Evidencia en el texto Usa las pistas para mostrar lo que el autor quiere que el lector comprenda.

Características	Por qué son útiles

Escribe El autor usa estas características del cuadro para __

_____

_____

¿Cómo puede afectarnos el estado del tiempo como las nubes de la pintura y las tormentas en *Tiempo tormentoso*?

Coméntalo Describe lo que ves en la pintura. ¿Crees que está a punto de venir una tormenta o que ya pasó? ¿Cómo lo sabes? Comenta acerca de los tipos de tormentas sobre los que leíste esta semana.

Evidencia en el texto Encierra en un círculo las pistas que te ayudan a descubrir el tipo de tiempo en la pintura. Piensa sobre cómo el estado del tiempo puede afectar a las personas.

Escribir El estado del tiempo como el de la pintura afecta a las personas al _____

_____

_____

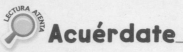

Acuérdate

Puedo describir los efectos de un cielo tormentoso usando estos comienzos de oración:

Las señales de una tormenta son...

En una tormenta fuerte, yo...

Esta pintura abstracta muestra un claro en las nubes de un cielo tormentoso.

sPlajn/iStock/Getty Images Plus/Getty Images

Diferentes maneras de disfrutar de la música

Antología de literatura: páginas 292-295

 ¿Qué quiere el autor que los lectores comprendan sobre los aficionados a la música que son sordos?

COLABORA

Coméntalo Observa las fotografías de las páginas 293 y 295. ¿Qué están haciendo las personas que no pueden oír?

Evidencia en el texto Escribe qué pueden hacer los aficionados sordos en un recital.

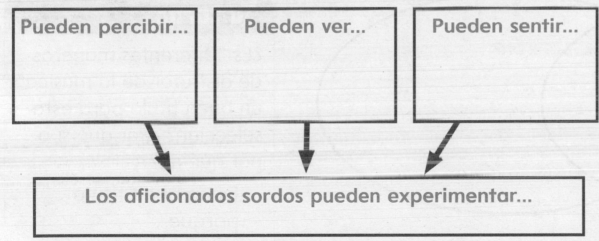

| Pueden percibir... | Pueden ver... | Pueden sentir... |

Los aficionados sordos pueden experimentar...

Escribe El autor quiere que los lectores comprendan que los aficionados a la música sordos pueden _____

_____

©Wealan Pollard/age fotostock

LECTURA ATENTA Consejo de la semana

Cuando **vuelvo a leer**, hallo pistas en el texto y en las fotografías.

Danny

¿De qué manera se puede ayudar a los sordos a disfrutar de la música?

Coméntalo Vuelve a leer las páginas 294 y 295. Comenta con un compañero las distintas maneras en las que una persona sorda puede sentir la música.

Evidencia en el texto Escribe lo que pueden hacer los sordos amantes de la música con una intérprete, una silla especial, o las dos cosas.

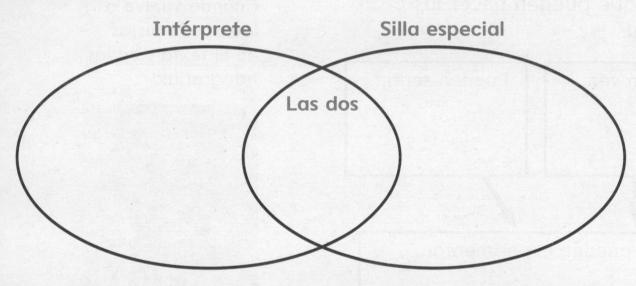

Intérprete

Silla especial

Las dos

Escribe La manera de ayudar a los sordos a disfrutar de la música _____

_____

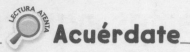

Acuérdate

Puedo observar las fotografías para ver cómo disfrutan de la música.

Tu turno

¿Es "Diferentes maneras de disfrutar de la música" un buen título para esta selección? ¿Por qué sí o por qué no?

Es un buen título porque...

Otra razón es que...

¡Conéctate!
Escribe tu respuesta en línea.

"Un museo musical"

Los humanos pueden oír casi todos los sonidos, pero algunos animales escuchan sonidos que tú no puedes oír. Los perros y los murciélagos, por ejemplo, pueden escuchar sonidos muy agudos que no llegan a los oídos de los humanos. ¿Qué sonidos te gusta escuchar?

El sonido es la energía que producen los objetos al moverse. Esos movimientos se llaman vibraciones y son como ondas.

Paul Hakimata/age fotostock

Vuelve a leer y haz anotaciones en el texto siguiendo las instrucciones.

¿Por qué los perros pueden escuchar cosas que tú no puedes oír? Subraya las razones.

_____

_____

¿Cuál es la definición del sonido? Encierra la oración en un círculo.

_____

_____

COLABORA

Conversa con un compañero sobre cómo se mueven las ondas sonoras en el aire. Escribe una oración.

_____

_____

_____

¿Cómo te ayuda el autor a entender que el sonido es movimiento?

Acuérdate

Puedo observar las palabras descriptivas que usa el autor.

Coméntalo Vuelve a leer la página 97. Comenta con un compañero cómo el autor describe el movimiento del sonido.

Evidencia en el texto Escribe las palabras y frases del texto que describen el sonido como movimiento.

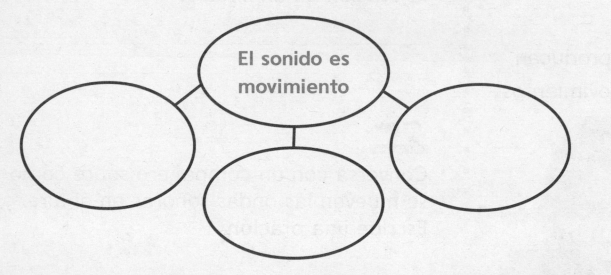

El sonido es movimiento

Escribe El autor me ayuda a entender el sonido _____

_____

_____

¿Cómo se expresan las mujeres de la pintura a través de la música?

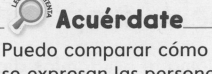

Coméntalo Comenta cómo se expresaban las personas sordas a través de la música en "Diferentes maneras de disfrutar de la música" y cómo las personas tocaban música en el museo musical. Comenta qué instrumentos musicales están tocando las mujeres en la pintura.

Evidencia en el texto Encierra en un círculo las pistas que te ayudan a descubrir cómo se sienten las mujeres en la pintura acerca de la música que están tocando.

Escribe Las mujeres de la pintura se expresan _____

_____

_____

Esta impresión japonesa, llamada Ukiyo-e, muestra una reunión de mujeres que tocan una variedad de instrumentos musicales.

Acuérdate

Puedo comparar cómo se expresan las personas usando estos comienzos de oración:

Las personas pueden tocar...

A algunas personas les gusta escuchar...

La selva tropical

  ¿Cómo te ayudan los diagramas y las ilustraciones a entender las diferentes partes de la selva tropical?

Antología de literatura:
páginas 298-315

Coméntalo Vuelve a leer las páginas 302 a 308. ¿Qué te dicen los rótulos de los diagramas y las ilustraciones acerca del texto?

Evidencia en el texto Escribe tres cosas que hayas aprendido de los diagramas e ilustraciones.

Consejo de la semana

Cuando **vuelvo a leer**, los rótulos de las ilustraciones me ayudan a identificar detalles clave.

©Picturenet/Blend Images LLC

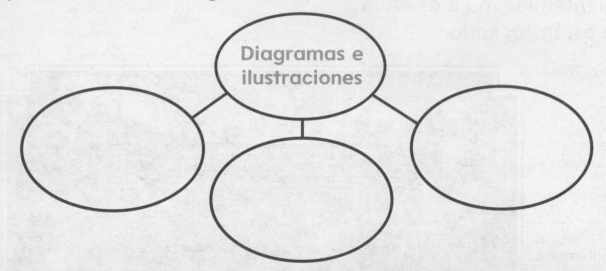

Diagramas e ilustraciones

Ángela

Escribe Los diagramas y las ilustraciones me ayudan a entender _____

_____

¿? **¿Por qué la autora habla del suelo forestal al final?**

COLABORA

Coméntalo Vuelve a leer las páginas 302 a 309. Comenta lo que aprendiste sobre los niveles anteriores y cómo te ayudaron a entender el suelo forestal.

Evidencia en el texto Escribe un dato acerca del manto y del sotobosque. Usa esos datos para hacer una conclusión sobre el suelo forestal.

Cuando **vuelvo a leer**, puedo usar estos comienzos de oración para pensar en los niveles de la selva.

El manto afecta los niveles inferiores porque los árboles...

La luz en el sotobosque...

El suelo forestal es escalofriante porque...

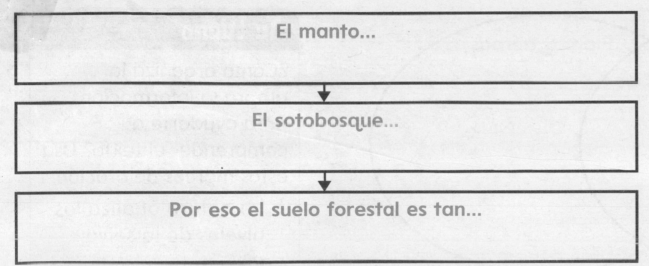

El manto...

El sotobosque...

Por eso el suelo forestal es tan...

Escribe La autora habla sobre el suelo forestal al final porque _____

_____

_____

¿Por qué la autora habla de las ranas de árbol y las plantas aéreas en forma paralela?

Coméntalo Vuelve a leer las páginas 312 y 313. Comenta por qué la autora dice que las ranas de árbol y las plantas aéreas son especiales.

Evidencia en el texto Escribe lo que has aprendido sobre las ranas de árbol y las plantas aéreas en la selección.

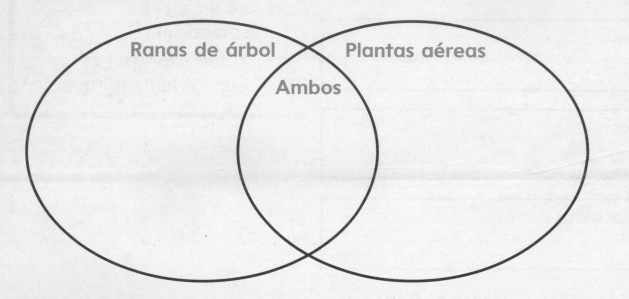

Ranas de árbol   Plantas aéreas

Ambos

Escribe La autora habla de las ranas de árbol y las plantas aéreas juntas porque ambas _____

LECTURA ATENTA
Acuérdate
La autora ubica los temas similares en la misma página.

Tu turno

¿Cómo organiza la autora la información para ayudarte a comprender el texto? Usa estos marcos de oración:

La autora analiza los niveles de la selva...

La autora describe los animales y las plantas...

¡Conéctate!
Escribe tu respuesta en línea.

"Sabanas africanas"

Plantas y animales

La acacia tiene espinas enormes. Las hojas de este árbol son el alimento favorito de las jirafas. También crece el baobab, uno de los árboles más antiguos del mundo. ¡Alcanza el ancho de una casa! Un solo baobab alberga lagartijas, serpientes, ranas y pájaros durante todas sus vidas.

imagebroker/Alamy

Vuelve a leer y haz anotaciones en el texto siguiendo las instrucciones.

¿Qué tipos de plantas viven en la sabana? Encierra en un círculo las plantas sobre las que lees en el texto.

Subraya las palabras que indican qué es especial acerca del baobab. Escríbelas aquí.

_____

_____

_____

COLABORA

Conversa con un compañero sobre qué hacen los animales con las plantas en la sabana. Encierra en un recuadro dos ejemplos.

Una manada de cebras deambula por la sabana, cerca de un baobab.

Las estaciones

Piensa en el lugar donde vives. ¿Cómo es el clima en cada estación? La sabana africana tiene una estación húmeda y una seca. En la estación húmeda, llueve durante horas todos los días. Las lluvias se prolongan varios meses. Luego, pasan hasta cinco meses sin llover.

La sabana africana está cerca del Ecuador, la línea imaginaria que tiene la Tierra en las zonas más lejanas a los polos. Por eso, es un lugar cálido durante todo el año.

Encierra en un recuadro las dos estaciones de África. Escríbelas aquí.

_____

_____

Subraya el motivo por el que la sabana es calurosa todo el año.

COLABORA

Conversa con un compañero sobre cómo el mapa te ayuda a entender el clima de la sabana. Encierra en un círculo la evidencia.

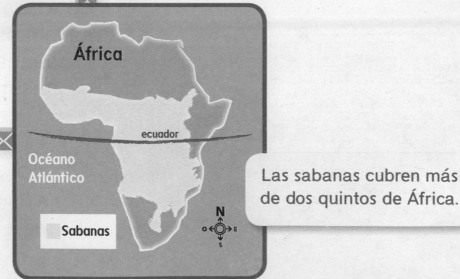

África

ecuador

Océano Atlántico

Sabanas

N
O E
S

Las sabanas cubren más de dos quintos de África.

¿Cómo usa los encabezados la autora para organizar el texto?

COLABORA

Coméntalo Conversa acerca de los encabezados de las páginas 103 y 104 y qué describen estas dos secciones.

Evidencia en el texto Escribe lo que aprendiste en cada sección. Luego, escribe cómo te ayuda a entender la sabana africana.

 **Acuérdate**

El texto dice que la sabana africana "es un lugar especial, donde habitan plantas y animales interesantes". Puedo usar los encabezados para pensar por qué la sabana es especial.

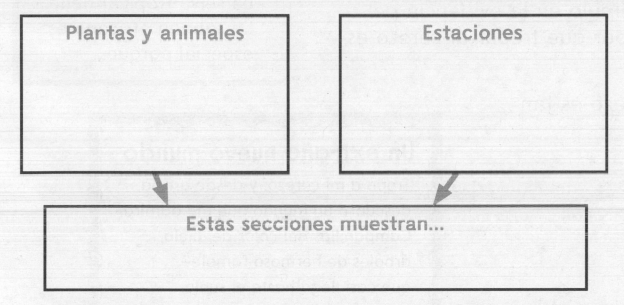

| Plantas y animales | Estaciones |

Estas secciones muestran...

Escribe La autora usa encabezados en el texto para _____

_____

_____

¿Por qué crees que subir a un cerezo es tan especial para el poeta como visitar una selva tropical o una sabana africana?

Coméntalo Conversa sobre los diferentes lugares de la selva tropical y de la sabana sobre los que leíste esta semana. ¿Qué los hace especiales? Vuelve a leer el poema. ¿Por qué "Un extraño nuevo mundo" es un buen título?

Evidencia en el texto Haz un círculo en la evidencia del texto que te ayuda a imaginar por qué trepar al cerezo es tan especial.

Escribir Subir a un árbol de cerezo es tan especial para el poeta porque _____

_____

_____

_____

Acuérdate

Puedo comparar los lugares que el poeta ve desde el árbol con la selva tropical y la sabana africana usando estos comienzos de oración:

Desde el árbol de cerezas puedo ver...
La selva tropical tiene...
La sabana africana es especial porque...

Un extraño nuevo mundo

Trepo a mi cerezo, y desde arriba,
descubro un mundo que me admira.
Campanillas del color del cielo,
árboles de hermoso ramaje
que casi llega hasta el suelo,
hermosas rosas fragantes,
hilitos de agua clara para beber
y muchos rincones distantes
que nunca imaginé ver.

Los volcanes

¿? ¿Cómo te ayuda la cita de la esposa del granjero a entender la erupción volcánica?

COLABORA

Coméntalo Vuelve a leer la página 321. Conversa con un compañero sobre cómo la mujer describió la erupción volcánica.

Evidencia en el texto Escribe tres detalles descriptivos de la cita de la mujer.

Antología de literatura:
páginas 320-329

LECTURA ATENTA **Consejo de la semana**

Cuando **vuelvo a leer**, puedo hallar detalles descriptivos.

Madison

Erupción volcánica

Escribe La cita de la esposa del granjero me ayuda a entender _____

_____

¿Cómo usa la autora el lenguaje descriptivo para ayudarte a entender qué ocurre cuando un volcán entra en erupción?

Coméntalo Vuelve a leer las páginas 326 y 327. Conversa con un compañero sobre el poder del volcán.

Evidencia en el texto Explica de qué manera cada ejemplo de lenguaje descriptivo te ayuda a entender qué ocurre durante una erupción.

	Esto me ayuda a entender
el magma empuja hacia arriba	
escapan vapor y gas	
el vapor levanta la tapa de una cacerola	

Escribe El uso del lenguaje descriptivo de la autora me ayuda a entender _____

Acuérdate

Cuando vuelvo a leer, puedo usar estos comienzos de oración para hablar sobre el poder del volcán.

El vapor y el gas hacen que...

El magma estalla...

¿De qué manera usa la autora las características del texto para explicar mejor los efectos de la erupción volcánica?

Coméntalo Vuelve a leer la página 329. Comenta con un compañero los efectos de la erupción volcánica sobre las personas y la Tierra.

Evidencia en el texto Escribe lo que has aprendido de cada fotografía y pie de foto. Luego, escribe qué te enseñan sobre los efectos del volcán.

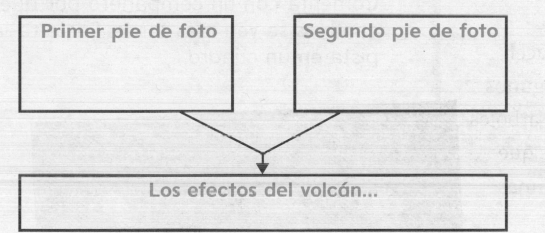

Primer pie de foto

Segundo pie de foto

Los efectos del volcán...

Escribe La autora usa fotografías y pies de foto para enseñar _____

_____

**Acuérdate**

Cuando **vuelvo a leer**, puedo hallar detalles en las fotografías y los pies de foto.

Tu turno

¿Cómo te ayuda la autora a comprender la fuerza de la erupción de un volcán? Usa estos marcos de oración:

La autora compara...

También incluye...

¡Conéctate!
Escribe tu respuesta en línea.

"Al rescate"

Los incendios forestales son grandes incendios que ocurren en los bosques. Una propiedad es que avanzan rápidamente y es muy difícil detenerlos. A veces se producen por relámpagos o sequías. También se extienden cuando soplan vientos secos y calientes.

Los incendios forestales producen muchos cambios en la Tierra. Algunos se ven de inmediato: se queman árboles y todo tipo de plantas. Hay otros que se notan un tiempo después: algunas plantas vuelven a crecer.

Vuelve a leer y haz anotaciones en el texto siguiendo las instrucciones.

¿Por qué es difícil detener los incendios forestales? Subraya las pistas.

¿De qué manera puede el clima afectar los incendios forestales? Encierra las pistas en un cuadro.

COLABORA

Comenta con un compañero por qué los cambios se ven más tarde. Encierra la pista en un cuadro.

age fotostock/SuperStock

Rescate de personas

Cuando hay un incendio forestal cerca, no es seguro para las personas quedarse en sus hogares. Los bomberos les informan acerca del incendio.

Si el fuego se aproxima mucho, los bomberos avisan a las personas que deben abandonar sus casas. Un incendio puede llegar a impedir el paso de los autos. Entonces, los bomberos usan un helicóptero para el rescate.

Mark Pardew, File/AF Images

¿Qué ocurre si un incendio está demasiado cerca? Subraya el efecto.

¿Por qué los bomberos usan helicópteros? Encierra la respuesta en un círculo.

COLABORA

Conversa con un compañero acerca de lo que deben hacer las personas durante un incendio forestal. Encierra las pistas en un cuadro y escribe tu respuesta aquí.

_____

_____

_____

¿Cómo te ayuda la autora a hacer inferencias acerca de los incendios forestales?

Acuérdate
Puedo buscar datos acerca de los incendios forestales.

Coméntalo Vuelve a leer las páginas 110 y 111. Conversa con un compañero acerca de los detalles que brinda la autora sobre los incendios forestales.

Evidencia en el texto Escribe qué inferencias puedes hacer a partir de los datos y los detalles.

Evidencia en el texto	Inferencia
es muy difícil detenerlos	
se extienden cuando sopla viento	
se queman árboles y todo tipo de plantas	
pueden producirse por relámpagos	

Escribe La autora me ayuda a hacer inferencias sobre los incendios forestales al _____

_____

¿Cómo cambia la Tierra debido a los incendios forestales y las erupciones volcánicas?

COLABORA

Coméntalo Comenta lo que leíste sobre cómo los volcanes pueden cambiar el paisaje. ¿Cómo reaccionaba la gente ante los incendios forestales en "Al rescate"? Comenta sobre cómo las personas pueden detener o solucionar los cambios de la Tierra.

Evidencia en el texto Subraya la evidencia del texto que indica lo que le sucedió a la ciudad de Pompeya. Encierra en un círculo una pista que muestre cómo era el paisaje cerca de Pompeya.

Escribir Una erupción volcánica como la del monte Vesubio y un incendio forestal pueden

Acuérdate

Puedo comparar las erupciones volcánicas y los incendios forestales usando estos comienzos de oración:

En la foto, veo...
Una erupción volcánica tan poderosa como la del monte Vesubio...

La ciudad de Pompeya fue destruida cuando el monte Vesubio entró en erupción en el año 79 d. C. El volcán enterró la ciudad bajo muchos metros de ceniza. Esta fotografía muestra las ruinas de la ciudad con el volcán en el fondo.

John Stuart/Alamy

El olor del mar

Antología de literatura: páginas 334-361

¿? ¿Por qué el autor quiere que conozcas los sentimientos de Jimena con respecto al mar?

COLABORA

Coméntalo Vuelve a leer las páginas 336 y 337. Comenta con tu compañero cuáles son los sentimientos de Jimena con respecto al mar.

Evidencia en el texto Explica cómo selecciona el autor las palabras para mostrar los sentimientos de Jimena con respecto al mar.

Selección de palabras	¿Por qué esto es efectivo?

Escribe El autor quiere que _____

_____

_____

LECTURA ATENTA **Consejo de la semana**

Cuando **vuelvo a leer**, puedo pensar cómo el autor selecciona las palabras del cuento. Voy a buscar evidencia en el texto para responder las preguntas.

Kevin

¿? ¿Por qué el autor elige mostrar el impacto que produce en los niños saber lo diferentes que son sus vidas?

Coméntalo Vuelve a leer las páginas 348 y 349. Comenta con un compañero cómo se sienten los niños al darse cuenta de las diferencias en su manera de vivir.

Evidencia en el texto ¿Qué palabras emplea el autor para describir los sentimientos de los niños?

Modo de vida	¿Qué sentimiento produce?

Escribe El autor elige _____

_____

_____

¿? ¿Cómo muestra el autor la solución que encuentra Jimena para convencer a Alejandro?

Coméntalo Con un compañero vuelve a leer las páginas 360 y 361. Comenten cómo logra el autor dar a conocer al lector la solución que encuentra Jimena para convencer a Alejandro.

Evidencia en el texto ¿Con qué palabras te muestra el autor cómo convence Jimena a Alejandro?

Palabras de Jimena	¿Qué efecto producen?

Escribe El autor muestra la solución cuando _____

_____

_____

Acuérdate
Puedo basarme en la selección de las palabras para hacer inferencias sobre el propósito del autor.

Tu turno

¿Qué técnicas usa el autor para mostrar los problemas que deben enfrentar los personajes? Organiza las evidencias del texto con los siguientes marcos de oración:

El autor usa...

Esto es efectivo porque...

¡Conéctate!
Escribe tu respuesta en línea.

"Juegos en todo el mundo"

¿A qué les gusta jugar a ti y a tus amigos? ¿Les agradan los juegos al aire libre, donde se pueden mover? Quizás prefieran entretenerse en casa con juegos de mesa o de computadora.

Los niños se divierten de distintos modos. Los juegos son parte de las costumbres de un país. Estos son algunos juegos infantiles de diferentes países.

Mapamundi

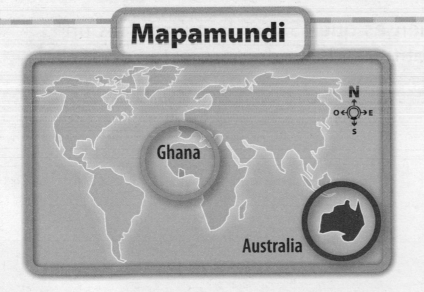

Ghana

Australia

N
O ⊕ E
S

Vuelve a leer y haz anotaciones en el texto siguiendo las instrucciones.

Subraya en el texto los dos grandes tipos de juegos que existen. Escríbelos aquí.

1._____

_____

2._____

_____

COLABORA

Conversa con un compañero acerca de la información que el autor te brinda sobre los juegos de los niños en distintas partes del mundo. Agreguen más detalles a partir de la ilustración.

Saltar la cuerda

Los niños y las niñas de todo el mundo han jugado por cientos de años a *saltar la cuerda*. ¡Lo único que necesitan es un trozo de soga! Los colonos de Holanda trajeron este juego a América hace mucho tiempo.

Hoy algunos utilizan más de una cuerda. Los jugadores pueden hacer trucos, como vueltas y giros. Incluso hay concursos para ver quién puede saltar más veces o hacer las mejores piruetas.

Encierra en un círculo la oración que diga dónde se inició el juego de saltar la cuerda. Escríbela aquí.

_____

_____

_____

COLABORA

Conversa con un compañero sobre la manera en que el autor organizó la información en esta selección. Haz un cuadro alrededor del subtítulo.

¿Piensas que "Saltar la cuerda" es un subtítulo adecuado para esta sección?

_____

_____

_____

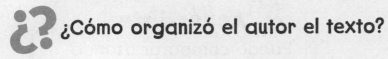 ¿Cómo organizó el autor el texto?

Coméntalo Vuelve a leer las páginas 117 y 118. Conversa sobre la diferencia entre las dos páginas.

Evidencia en el texto Escribe la información que encuentras en cada página.

Acuérdate

Puedo prestar atención a los subtítulos para comprender cómo el autor organiza el texto.

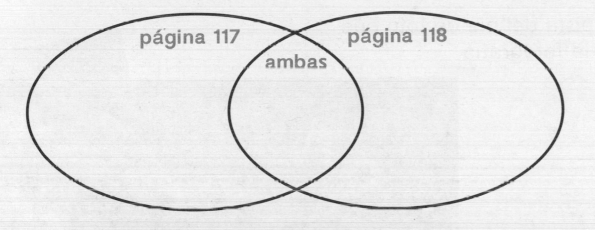

página 117   página 118

ambas

Escribe El autor organiza el texto _____

_____

_____

¿? **¿Qué diferencias y similitudes hay en los intereses y los juegos de los niños del mundo?**

COLABORA

Coméntalo Conversa sobre los intereses de Jimena y Alejandro en *El olor del mar* y los juegos de los niños en "Juegos en todo el mundo". ¿Qué están haciendo las niñas de la fotografía?

Evidencia en el texto Subraya la pista del pie de foto que te indica dónde viven las niñas de la fotografía.

Escribe Los niños del mundo _____

_____

_____

Acuérdate

Puedo comparar usando estos comienzos de oración:

La tribu Karo...

Los niños de Samaná...

Los niños de Ghana...

hadynyah/Vetta/Getty Images

Dos jóvenes niñas de la tribu Karo pintándose el rostro. La tribu Karo vive en Etiopía. Ellos usan recursos naturales para fabricar la pintura corporal.

El saltamontes y el caracol

¿? ¿Por qué el autor selecciona las palabras en esta parte de la obra?

Antología de literatura:
páginas 368-377

COLABORA

Coméntalo Vuelve a leer las páginas 372 y 373. Con un compañero comenta la selección de palabras del autor.

Evidencia en el texto Explica el modo en que el autor muestra lo que sienten Saltamontes y Caracol.

	Dice	Porque...
Caracol		
Cotorra sobre Saltamontes		

Escribe El autor selecciona las palabras porque quiere _____

_____

_____

LECTURA ATENTA **Consejo de la semana**

Cuando **vuelvo a leer**, puedo pensar de qué manera el autor selecciona las palabras.

Lily

¿Cómo nos da a conocer el autor lo que piensan y sienten los personajes?

COLABORA

Coméntalo Vuelve a leer la página 374. Con un compañero comenta cómo saben lo que siente y piensa Saltamontes con respecto a Caracol.

Evidencia en el texto ¿De qué manera Saltamontes dice lo que piensa con respecto a Caracol?

Saltamontes dice en su parlamento...	Porque piensa que...

Escribe El autor nos da a conocer lo que piensan y sienten los personajes _____

_____

_____

Acuérdate

Puedo usar los comienzos de oración como ayuda cuando converso con mi compañero sobre cómo los parlamentos me ayudan a comprender el texto.

Saltamontes dice...

Porque piensa que...

¿Qué palabras te ayudan a entender cómo se siente Caracol al ganar la carrera?

COLABORA

Coméntalo Vuelve a leer la página 376 y presta atención a las palabras. Con un compañero comenta el mensaje que el autor quiere transmitir.

Evidencia en el texto Usa las palabras que selecciona el autor para mostrar lo que siente Caracol al ganar la carrera.

El autor dice en la acotación...	Caracol dice en el parlamento...

Escribe Las palabras que me ayudan a entender lo que siente Caracol _____

_____

_____

Acuérdate

Puedo tener en cuenta las palabras que selecciona el autor en la acotación y en el parlamento de Caracol. Me ayudará a completar la tabla.

Tu turno

¿De qué manera muestra el autor que aun estando en medio de una naturaleza que invita a disfrutar, hay valores que se deben conservar?

Caracol sabe que...

En cambio, Saltamontes decide...

¡Conéctate!
Escribe tu respuesta en línea.

"El pequeño Etsa"

Etsa sabía que no tenía ninguna semejanza con su padre. Es que su padre lo enviaba todos los días a cazar aves. Etsa sufría cazándolas.

Un día, Etsa no escuchó ni trinos ni aleteos en la selva. ¿Dónde estaban las aves?

Vuelve a leer y haz anotaciones en el texto siguiendo las instrucciones.

Vuelve a leer la página. Subraya las oraciones que demuestren por qué Etsa no tenía ninguna semejanza con su padre. Escríbelas aquí:

1. _____
   _____

2. _____
   _____

COLABORA

Habla con un compañero acerca de lo que dice esto sobre la personalidad de Etsa. Explica cómo te ayuda a comprender el texto.

Celeste Berlier

Entonces apareció una paloma.

—Hola, Etsa, yo soy Yápankam —dijo la paloma temerosa—. Soy la última paloma aquí. ¿Me cazarás a mí también?

—Mi padre no se conforma con una sola ave —dijo tristemente Etsa.

Encierra en un círculo las palabras que muestran cómo se sienten Yápankam y Etsa en ese momento. Escríbelas aquí:.

_____

_____

_____

_____

COLABORA

Vuelve a leer estos párrafos. Con un compañero comenta por qué se sentían de esa forma Etsa y Yápankam.

¿Por qué el autor dice que Yápankam se sentía temerosa y Etsa estaba triste?

Usa tus anotaciones para respaldar tu respuesta

_____

_____

_____

¿? ¿Qué demuestra el texto acerca de la personalidad de Etsa?

Coméntalo Vuelve a leer las páginas 124 y 125. Conversa sobre cómo podrías describir la personalidad de Etsa.

Evidencia en el texto Escribe las pistas del texto sobre la personalidad de Etsa.

Pista

↓

Pista

↓

Pista

↓

Esto me indica que Etsa es...

Escribe El texto me indica que Etsa es _____

_____

Celeste Berlier

Acuérdate

Puedo prestar atención a las palabras precisas para encontrar pistas sobre los personajes.

¿Cómo pueden los poemas, las obras de teatro y los cuentos ayudarte a disfrutar de la naturaleza?

COLABORA

Coméntalo Conversa sobre las selecciones que leíste esta semana. ¿Cómo te ayudan a entender la manera de disfrutar la naturaleza? ¿Cómo la disfrutan el saltamontes y Etsa? Basándote en el título del poema, ¿qué crees que te explicará?

Evidencia en el texto Subraya en el poema cinco cosas que al niño le gustan. Piensa en la manera en que el poema puede ayudarte a disfrutar de la naturaleza.

Escribe Los poemas, las obras de teatro y los cuentos me ayudan a _____

_____

_____

LECTURA ATENTA

Acuérdate

Puedo comparar al saltamontes, a Etsa y al niño del poema usando estos comienzos de oración:

El saltamontes disfruta...

Al niño le gusta...

Después de la lluvia

Después de la lluvia me gusta caminar,
sentir el aroma de la tierra mojada,
mirar mi sombra en los charcos reflejada,
y disfrutar la brisa fresca que el día me regala.

Atrapan mis sentidos
las luces y las sombras,
los perfumes, los sonidos,
los colores y las formas.

"Viva el sol de la mañana", "Lluvia"

¿Cómo demuestra el autor qué le gusta de la mañana?

Antología de literatura:
páginas 382-385

COLABORA

Coméntalo Vuelve a leer la página 383. Comenta con un compañero los recursos del autor para expresar lo que le gusta.

Evidencia en el texto Explica los recursos del autor para expresar qué le gusta de la mañana.

Recurso	¿Por qué es efectivo?

Escribe El autor me muestra lo que le gusta cuando _____

_____

_____

LECTURA ATENTA Consejo de la semana

Cuando **vuelvo a leer**, puedo pensar cómo el autor selecciona las palabras para expresar lo que le gusta de la naturaleza.

Ana Abejon/E+/Getty Images

Ryan

¿? **¿Cómo demuestra el autor qué le gusta de la lluvia?**

Coméntalo Vuelve a leer la página 384. Comenta con un compañero el modo en que el autor expresa qué le gusta de la lluvia.

Evidencia en el texto Explica cómo expresa el autor lo que le gusta de la lluvia.

Recurso	¿Por qué es efectivo?

Escribe El autor demuestra qué le gusta de la lluvia cuando _____

_____

_____

Acuérdate

El lenguaje preciso ayuda a los lectores comprender el poema, y a disfrutar con el ritmo y la rima.

Tu turno

¿Cómo seleccionan los poetas las palabras para decir qué les gusta de la naturaleza? Organiza las evidencias del texto con los siguientes marcos de oración:

Los poetas seleccionan palabras...

Con estas palabras expresan...

¡Conéctate!
Escribe tu respuesta en línea.

"¿Sabrá la noche?", "El viento"

¡Cuánto misterio nos regala!
¡Cuánta belleza, cuánta paz!
¿Sabrá la noche
que su magia está en la luna?

Vuelve a leer y haz anotaciones en el texto siguiendo las instrucciones.

Subraya dos ejemplos de oraciones interrogativas y exclamativas. Explica por qué son efectivas en el poema.

1. _____
_____
_____

2. _____
_____
_____

COLABORA

Conversa sobre las metáforas que podrían usar para hablar acerca de la naturaleza.

Irene Singer

¿? ¿Cuál es el propósito del autor de "El viento" al usar palabras precisas?

COLABORA

Coméntalo Conversa con un compañero sobre el mensaje que el autor deja a los lectores.

Evidencia en el texto Escribe las pistas del texto sobre el propósito del autor de "El viento" al elegir palabras precisas en su poema.

Pista

Escribe El propósito del autor al usar palabras precisas es

Acuérdate

Puedo prestar atención a las palabras precisas para comprender el propósito del autor.

¿? ¿De qué modo las imágenes sensoriales de "Viva el sol de la mañana", "Lluvia" y la pintura te transmiten emociones frente a la naturaleza?

Coméntalo Piensa en los poemas que leíste esta semana. ¿Cómo muestran las emociones de los poetas frente a la naturaleza? Describe lo que ves en la pintura. ¿Qué crees que el pintor quiso captar en esta escena?

Evidencia en el texto Encierra en un círculo las partes de la pintura que muestran detalles sensoriales. Piensa en cómo te sentirías si estuvieras en esa escena.

Escribe Las imágenes sensoriales de los poemas y de la pintura me ayudan a _____

_____

_____

Yale University Art Gallery

Esta pintura es *Ducha súbita,* de Martin Johnson Heade. Muestra un paisaje en medio de una tormenta.

Acuarelas

¿De qué modo muestra la autora que hablar sobre la letra "ñ" es efectivo para el tema de este cuento?

Antología de literatura: páginas 388-407

COLABORA

Coméntalo Vuelve a leer las páginas 389 a 395. Comenta con un compañero el punto de vista de Wädi sobre su variedad de orígenes.

Evidencia en el texto Explica el modo en que la autora muestra el punto de vista de Wädi.

Consejo de la semana

LECTURA ATENTA

Cuando **vuelvo a leer**, puedo pensar cómo usa la autora el punto de vista de los personajes.

Modo	¿Por qué es efectivo?

Escribe La autora muestra _____

_____

_____

Jordan

¿De qué manera muestra la autora la diferencia entre el punto de vista de Wädi y el de la señora Toña?

Coméntalo Vuelve a leer las páginas 398 a 403. Comenta con un compañero los puntos de vista de Wädi y de Toña.

Evidencia en el texto ¿Qué sucede cuando Wädi tira los libros a la basura?

Evidencia en el texto	¿Por qué es efectivo?

Escribe La autora muestra la diferencia entre los puntos de vista _____

_____

_____

Acuérdate
Puedo usar los comienzos de oración como ayuda cuando converso con mi compañero sobre cómo el punto de vista me ayudan a comprender el texto.

Wädi cree que...

Toña comprende que...

¿?¿Qué mensaje transmite la autora con el final del cuento?

COLABORA

Coméntalo Vuelve a leer las páginas 404 a 407 y presta atención a los detalles. Comenta con un compañero el mensaje que la autora quiere transmitir.

Evidencia en el texto Usa los detalles descriptivos de la autora para explicar el mensaje del cuento.

Detalle descriptivo	Significado

Escribe La autora transmite este mensaje: _____
_____

LECTURA ATENTA
🔍 **Acuérdate**

El punto de vista de Wädi quizás sea en mismo que el de la autora.

Tu turno

¿Cuál es el punto de vista la autora sobre lo que hacen los buenos ciudadanos? Organiza las evidencias del texto con los siguientes marcos de oración:

El punto de vista de la autora...

Esto demuestra que...

¡Conéctate!
Escribe tu respuesta en línea.

"Cómo ayudar a Sonrisas"

Matthew Stephenson vive en Texas. Tiene una discapacidad que debilita sus músculos. Las personas con esta discapacidad pueden tener problemas para caminar, sentarse y escribir. Algunos usan una silla de ruedas.

Vuelve a leer y haz anotaciones en el texto siguiendo las instrucciones.

Subraya dos ejemplos de detalles descriptivos sobre las personas con discapacidad. Escríbelos aquí:

1. _____

_____

2. _____

_____

COLABORA

Comenta con un compañero los problemas de Matthew.

En verano, Matthew va al campamento Sonrisas de la organización Easter Seals para niños con necesidades especiales. Estos niños no pueden ir a un campamento que no logre satisfacer sus necesidades. En Sonrisas se trabaja de otra manera. Cada niño tiene una persona que lo ayuda para andar a caballo, jugar al baloncesto o nadar. Quizá este sea el único lugar donde pueden hacer ese tipo de actividades.

Encierra en un círculo los detalles que la autora usa para que comprendas las necesidades de los niños con discapacidad. Escríbelos aquí:

_____

_____

_____

COLABORA

Conversa con un compañero acerca de cómo organiza el texto la autora. Explica por qué este modo de organización te ayuda a comprender mejor la idea principal y los detalles.

Usa tus anotaciones para respaldar tu respuesta.

_____

_____

_____

_

¿Por qué "Cómo ayudar a Sonrisas" es un buen título para este texto?

COLABORA

Coméntalo Conversa sobre la importancia que tiene el campamento para los niños con discapacidad.

Evidencia en el texto Escribe lo que hizo Matthew para ayudar a Sonrisas.

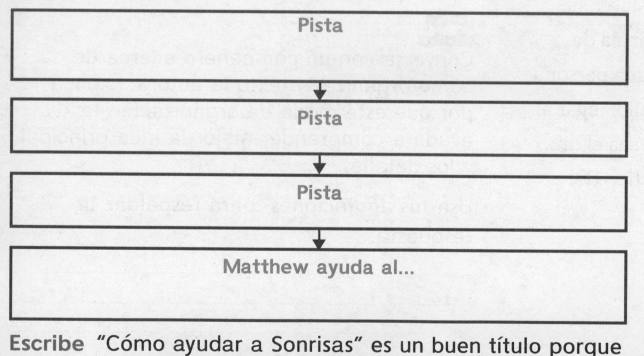

Pista

↓

Pista

↓

Pista

↓

Matthew ayuda al...

Escribe "Cómo ayudar a Sonrisas" es un buen título porque

_____

_____

¿? ¿De qué manera las historias y los poemas nos muestran cómo podemos ser buenos ciudadanos?

COLABORA

Coméntalo Conversa sobre cómo los personajes de *Acuarelas*, y los niños de "Cómo ayudar a Sonrisas" demuestran ser buenos ciudadanos. Habla de lo que significa la palabra "hospitalaria" en el poema.

Evidencia en el texto Subraya en el poema los detalles que te ayudan a entender la belleza de nuestro continente.

Escribe Las historias y los poemas nos muestran _____

_____

_____

Acuérdate

Puedo comparar los textos usando estos comienzos de oración:

Wädi es una buena ciudadana porque...

Cuando leo el poema sobre América yo...

América

¡Hermosa tierra mía!
Dos mares abrazan tus costas.
Altas montañas rocosas
y verdes llanuras ondulantes
de espigas doradas,
cobijan a los hermanos
de todas las razas.
Tierra fértil y hospitalaria,
Dios derramó sobre ti, América,
todas sus gracias.

Carlos

¿De qué modo las ilustraciones ayudan a los lectores a comprender que este cuento es una fantasía?

Antología de literatura: páginas 412-435

COLABORA

Coméntalo Vuelve a leer las páginas 424 y 425. Comenta con un compañero la relación entre las ilustraciones y el género del cuento.

Evidencia en el texto Explica el modo en que el autor usó las ilustraciones para ayudar a los lectores a comprender que este cuento es una fantasía.

Cuando **vuelvo a leer**, puedo pensar cómo usa el autor las ilustraciones para complementar el texto.

Detalle de una ilustración	¿Por qué es efectivo?

Escribe Con estas ilustraciones, el autor _____

_____

Rachel

JGI/Jamie Grill/Getty Images

¿De qué modo los detalles de las ilustraciones ayudan a los lectores a comprender el estado de ánimo de los personajes y cómo se relacionan?

COLABORA

Coméntalo Vuelve a leer las páginas 430 y 431. Comenta con un compañero qué revelan las ilustraciones acerca de cómo se sienten los personajes.

Evidencia en el texto ¿Qué sienten los personajes cuando Carlos se enoja con el bebé?

Detalle de una ilustración	¿Por qué es efectivo?

Escribe Los detalles de las ilustraciones muestran _____

_____

¿? ¿De qué modo las ilustraciones ayudan a los lectores a comprender el final del cuento?

COLABORA

Coméntalo Vuelve a leer las páginas 432 a 435 y presta atención a las ilustraciones. Comenta con un compañero el mensaje que el autor quiere transmitir.

Evidencia en el texto Usa los detalles de las ilustraciones para explicar el mensaje del cuento.

Detalle de una ilustración	Significado

Escribe Las ilustraciones ayudan a comprender _____
_____

LECTURA ATENTA
Acuérdate
Las ilustraciones embellecen las páginas y son útiles para comprender el texto.

Tu turno

¿Por qué los lectores comprenden mejor un cuento si prestan atención a las ilustraciones? Organiza las evidencias del texto con los siguientes marcos de oración:

El autor incluyó las ilustraciones para...

Las ilustraciones pueden ser...

¡Conéctate!
Escribe tu respuesta en línea.

"Zona libre de acoso"

A nadie le gusta ser acosado. El *bullying* se da cuando una persona molesta o lastima a otra. Los matones se burlan de otros niños, los insultan o no les permiten hacer ciertas actividades. Otras formas de acoso escolar son los empujones o los golpes.

Banana Stock/age fotostock

Vuelve a leer y haz anotaciones en el texto siguiendo las instrucciones.

Vuelve a leer el párrafo. Subraya dos ejemplos que te ayuden a comprender qué es el *bullying*. Escríbelos aquí:

1. _____
   _____

2. _____
   _____
   _____

COLABORA

Comenta con un compañero qué ayuda el autor a visualizar con esta fotografía y este pie de foto.

En clase, los niños no solo aprendieron a ser buenos amigos y cooperar con los demás sino a saber cómo interactuar si ven acoso. Por ejemplo, si se están burlando de alguien o lo están dejando de lado.

Practicaron cómo hablar sin miedo ante los acosadores. Aprendieron a ser amigos de los chicos acosados y a ayudar a la persona a irse del lugar. Todas las semanas se reunieron para hablar sobre el acoso escolar.

Encierra en un círculo los detalles que el autor usa para que los lectores comprendan mejor qué hicieron los estudiantes para resolver el problema. Escríbelos aquí:

_____

_____

_____

_____

_____

COLABORA

Conversa con un compañero acerca de qué es el acoso escolar.

Usa tus anotaciones para respaldar tu respuesta

_____

_____

_____

¿? ¿Por qué el autor comienza el texto con la oración "A nadie le gusta ser acosado"?

Coméntalo Vuelve a leer la página 143. Conversa sobre el modo en que la primera oración se relaciona con el resto de la selección.

Evidencia en el texto Escribe tres razones por las que el autor comenzó la selección con esta oración.

¿Por qué el texto comienza así?

Escribe El autor comienza el texto con esta oración para ___

_____

_____

LECTURA ATENTA
Acuérdate
Puedo volver a leer para comprender cómo están conectadas las diferentes partes del texto.

¿Cómo hacen los niños de *Carlos*, "Zona libre de acoso" y de "Buenos días amigo" para llevarse bien?

Coméntalo Conversa sobre cómo Carlos aprendió a aceptar a su hermanito y cómo los niños de Seattle pudieron detener el acoso. ¿De qué manera la persona de la canción trata a su amigo?

Evidencia en el texto Encierra en un cuadro las palabras de la canción que cuentan cómo los amigos se llevan bien.

Escribe Los cuentos y la canción me enseñan que los niños pueden llevarse bien si _____

_____

_____

Acuérdate

Puedo comparar cómo la gente se lleva bien usando estos comienzos de oración:

Puedo detener a un acosador...

Las personas pueden llevarse bien si...

Buenos días, amigo
(Canción folclórica latinoamericana)

Buenos días, amigo,
¿cómo estás hoy día?
¿Quieres aprender un juego?
Yo te lo voy a enseñar.

Me llamo Celia

¿ ¿De qué modo el lenguaje figurado que usa la autora ayudan a comprender mejor la biografía?

Antología de literatura:
páginas 440-455

COLABORA

Coméntalo Vuelve a leer las páginas 442 a 447. Comenta con un compañero el lenguaje figurado que la autora usó en la biografía de Celia Cruz.

Evidencia en el texto Explica el modo en que la autora usó el lenguaje figurado para ayudar a los lectores a comprender mejor la biografía.

Consejo de la semana

Cuando **vuelvo a leer**, puedo pensar cómo usa la autora el lenguaje para embellecer el texto y ayudar a los lectores a comprender la biografía.

Ejemplo de lenguaje figurado	¿Por qué es efectivo?

Escribe El lenguaje figurado que usó la autora me ayuda

Ahmed

"Katari, el héroe aymara"

En el altiplano andino, hace mucho tiempo vivía un niño aymara llamado Katari. Katari vivía en una casita hecha de barro con sus padres y hermanos. La familia se dedicaba al pastoreo de llamas y al cultivo de la papa.

Cada mañana, Katari llevaba el pequeño rebaño de llamas a pastar a lo alto de las montañas. Siempre pasaba junto al glaciar que estaba justo al lado.

Paola De Gaudio

Vuelve a leer y haz anotaciones en el texto siguiendo las instrucciones.

Vuelve a leer los dos primeros párrafos de la leyenda. Subraya dos detalles descriptivos de cómo era la vida de Katari. Escríbelos aquí:

1. _____

_____

2. _____

_____

_____

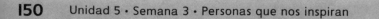

COLABORA

Conversa con un compañero acerca del ambiente en que vivía Katari.

Una mañana, Katari descubrió que una gran grieta se había formado en el glaciar. Un inmenso bloque de hielo estaba por desplomarse hacia el valle. El hielo amenazaba con llevarse a todos en el valle y él no los vería más.

Katari comenzó a apilar todas las rocas que encontró al pie del glaciar para tratar de detener el hielo. Decidió entonces avisar a los adultos para que juntos todos pudiesen construir un muro mejor para contenerlo.

Encierra en un círculo los problemas que Katari descubrió en la montaña. Escríbelos aquí:

_____

_____

_____

_____

_____

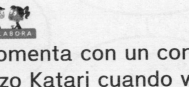

Comenta con un compañero lo primero que hizo Katari cuando vio que el glaciar tenía una grieta.

Usa tus anotaciones para respaldar tu respuesta

_____

_____

_____

¿Cómo se convirtió Katari en un héroe?

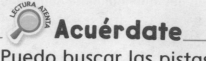 **Acuérdate**

Puedo buscar las pistas para responder en el texto.

COLABORA

Coméntalo Vuelve a leer las páginas 150 y 151. Conversa sobre la importancia de las acciones de Katari.

Evidencia en el texto Escribe tres razones por las que Katari se convirtió en un héroe.

Katari es un héroe porque...

Escribe Katari se convirtió en un héroe cuando _____

_____

_____

Paola De Gaudio

¿? **¿Qué cualidades comparten las personas que nos inspiran?**

Acuérdate

Puedo comparar las cualidades de las personas que nos inspiran usando estos comienzos de oración:

Celia Cruz enfrentó...

Katari era...

Un presidente necesita...

COLABORA

Coméntalo Piensa en cómo algunas personas inspiran a los otros para enfrentar nuevos desafíos. ¿Qué problemas tuvieron que enfrentar Celia Cruz y Katari? ¿Cómo los superaron? ¿Qué desafíos debe enfrentar un presidente?

Evidencia en el texto Subraya las claves del pie de foto que te ayudan a saber los rostros de quiénes están tallados en el monte Rushmore. ¿Qué piensas acerca de estos presidentes?

Escribe Las personas que nos inspiran son __

_____

_____

_____

NPS Photo

El Monumento Nacional Monte Rushmore está en Dakota del Sur. Muestra los rostros de cuatro presidentes estadounidenses: George Washington, Thomas Jefferson, Theodore Roosevelt y Abraham Lincoln.

El regalo del leñador

¿? **¿Qué nos dice el diálogo acerca de los vecinos?**

COLABORA

Coméntalo Vuelve a leer la página 462 y 463. Comenta quiénes son los personajes del cuento y descríbelos.

Evidencia en el texto Usa los diálogos de las páginas 462 y 463 para completar el siguiente cuadro.

Vecino	Cita	Cita
Tendero		
Pintor		
Leñador		

Escribe El diálogo nos dice que los vecinos _____

_____

Antología de literatura:
páginas 460-477

Consejo de la semana

Cuando **vuelvo a leer**, hallo pistas en lo que dicen los personajes.

Hannah

McGraw-Hill Education

Compara la opinión de Tomás sobre el árbol con la de sus vecinos. ¿Qué nos dice acerca de él?

COLABORA

Coméntalo Vuelve a leer las páginas 464 y 465. Comenta qué dicen los distintos personajes acerca del árbol.

Evidencia en el texto Escribe qué piensan Tomás y sus vecinos acerca del árbol. Luego escribe qué nos dice eso acerca de Tomás.

 **Acuérdate**

Cuando **vuelvo a leer**, puedo usar estos comienzos de oración para hablar sobre los personajes del cuento.

La gente del pueblo piensa que...

Tomás piensa que...

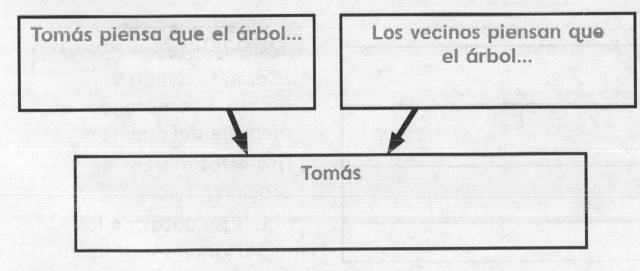

Tomás piensa que el árbol...

Los vecinos piensan que el árbol...

Tomás

Escribe Los sentimientos de Tomás acerca del árbol nos dicen que _____

_____

¿Cómo cambia la comunidad gracias al proyecto de Tomás?

COLABORA

Coméntalo Conversen sobre cómo es la comunidad al principio del cuento y cómo cambia al final del cuento.

Evidencia en el texto Escriban pistas de las ilustraciones y el texto que ilustren cómo es la comunidad al principio y al final del cuento.

Principio	Final

Escribe Gracias al proyecto de Tomás la comunidad se convirtió _____

_____

Acuérdate

Cuando **vuelvo a leer**, hallo pistas en las acciones de los personajes.

Tu turno

¿Cómo te ayuda la autora a comprender el mensaje del cuento?

Usa estos marcos de oración:

Las palabras de los personajes muestran...

Las acciones de los personajes muestran...

¡Conéctate!
Escribe tu respuesta en línea.

"Nuestros recursos"

Las rocas y los minerales están en todas partes: en la tierra, la arena, el agua o el hielo. Las rocas son grandes o pequeñas, ásperas o suaves. ¿Has visto una roca reluciente? Algunas brillan por los minerales que contienen. Al igual que las rocas, los minerales no tienen vida. Existen en diferentes formas, tamaños y colores. Cuando ambos se descomponen, forman el suelo. A continuación, encontrarás características de las rocas y los minerales representadas en este gráfico.

Rocas y minerales

Rocas ígneas	Basalto	El basalto es negro oscuro. A veces, contiene burbujas de gas en su interior.
Rocas sedimentarias	Pizarra	La pizarra puede ser negra, roja, marrón o azul. Cuando está húmeda, huele como el barro.
Rocas metamórficas	Mármol	El mármol es una roca suave multicolor. En ocasiones, contiene cristales brillantes.
Minerales	Cuarzo	El cuarzo es un mineral duro. Se parece al vidrio.

(t) Harry Taylor/Dorling Kincersley/Getty Images; (tc) Jacques Cornell/McGraw-Hill Education; (bc) Harry Taylor/Dorling Kindersley/Getty Images; (b) RF Company/Alamy

Vuelve a leer y haz anotaciones en el texto siguiendo las instrucciones.

¿Qué aportan las rocas a la Tierra? Subraya la pista. _____

_____

Encierra en un círculo el mineral duro que se menciona en esta página. _____

COLABORA

Conversa con un compañero acerca de por qué brilla el mármol. Encierra en un cuadro el motivo en el texto y en la tabla.

_____

_____

Utilizamos las rocas y los minerales de muchas maneras. El granito sirve para los edificios, monumentos, y también para las mesadas de las cocinas. Se precisa el mármol para las estatuas y una gran variedad de rocas para las herramientas. Los minerales se emplean para fabricar todo tipo de productos, por ejemplo, los alimentos y los autos..

Minerales que utilizamos

			41,000

Cantidad utilizada por una persona durante toda su vida
Libras

28,000
13,000
17,000
41,000

50,000
40,000
30,000
20,000
10,000
0

Hierro	Arcilla	Sal	Otros minerales
Cacerolas	Platos	Alimentos	Cámaras
Bicicletas	Ladrillos	Condimentos	Estufas
Computadoras	Vidrios	Enjuague bucal	Veredas
	Champú	Medicina	Crema dental

¿Cuál es la idea principal que quiere transmitir el autor en esta página? Subraya la oración en el texto. _____

_____

Encierra en un cuadro el mineral que se usa para hacer estatuas. _____

COLABORA

Encierra en un círculo el mineral que más se usa durante la vida de una persona. Comenta cómo te ayuda el cuadro a entender los conceptos de la página.

_____

_____

_____

¿? **¿Cómo utiliza el autor los cuadros para ayudar a entender el texto?**

 **Acuérdate**

Puedo hallar pistas en los cuadros que me ayuden a responder preguntas.

COLABORA

Coméntalo Vuelve a leer las páginas 157 y 158. Comenta lo que ilustran los dos cuadros.

Evidencia en el texto Escribe tres cosas que hayas aprendido de los cuadros, pero que no estaban expresadas en el texto.

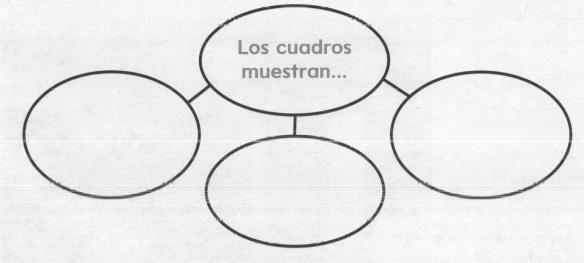

Los cuadros muestran...

Escribe El autor utiliza cuadros para ayudar a entender ____

____

____

Jacques Cornell/McGraw-Hill Education

¿Cómo pueden las personas hacer un buen uso de los recursos de la Tierra?

Coméntalo ¿Cómo hizo Tomás un buen uso del árbol caído? Comenta qué otros recursos es importante preservar.

Evidencia en el texto Encierra en un círculo las pistas que te ayudan a descubrir lo que reutilizó el constructor de esta casa. ¿Cómo ayudó eso a la Tierra?

Escribe Las personas pueden proteger los recursos de la Tierra al _____

_____

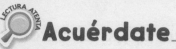

Acuérdate

Puedo comparar usando estos comienzos de oración:

Tomás usó...

La casa de botellas...

Las coloridas paredes de esta casa están hechas de botellas de vidrio recicladas.

Arpad Benedek/E+ /Getty Images

El establecimiento de las reglas

¿Por qué el autor comienza la selección hablándote a ti?

Antología de literatura:
páginas 484-487

Coméntalo Vuelve a leer el primer párrafo de la página 485. Comenta si estás de acuerdo o no con las afirmaciones del párrafo.

Evidencia en el texto Escribe dos afirmaciones del primer párrafo que en tu opinión sean verdaderas.

Escribe El autor comienza la selección hablándome a mí porque _____

_____

_____

Consejo de la semana

Cuando **vuelvo a leer**, pienso cómo se relaciona el texto con mi vida.

Dean

Hclly Anissa Photography/Momert Opem/Getty Images

¿Por qué el autor incluye una sección titulada "La Constitución"?

Coméntalo Vuelve a leer la sección titulada "La Constitución" en la página 486. Comenta lo que aprendiste en esta sección.

Evidencia en el texto Escribe acerca de la información que aprendiste en el texto principal y en la sección "La Constitución".

El texto principal	La sección "La Constitución"

Escribe El autor incluye esta sección para _____

Acuérdate

Cuando vuelvo a leer, busco información nueva.

Tu turno

¿Cómo te ayuda la manera en que el autor organiza la información a comprender la Constitución? Usa estos marcos de oración:

El autor hace que el texto...

Las características del texto muestran...

¡Conéctate!
Escribe tu respuesta en línea.

"Los símbolos nacionales"

Cuando piensas en Estados Unidos, ¿qué te imaginas? ¿La Estatua de la Libertad? ¿La Casa Blanca? Estos, así como otros lugares y documentos importantes, son símbolos nacionales. ¿Se te ocurren otros ejemplos?

La Campana de la Libertad se encargó para el Salón de la Independencia. Allí se reunieron las personas que redactaron la Constitución. ¡La grieta de la campana sobrepasa los dos pies! Como su nombre lo indica, la campana simboliza la libertad.

Image Source/Getty Images

Vuelve a leer y haz anotaciones en el texto siguiendo las instrucciones.

Todos los elementos del texto representan una idea. Encierra una idea en un círculo.

_____

El nombre de estos elementos tiene un simbolismo. Subraya el simbolismo. _____

_____

_____

Escribe la idea general que simbolizan estos elementos con tus propias palabras.

_____

COLABORA

Conversa con un compañero sobre lo que significa tener libertad. Encierra en un cuadro otra palabra en el texto que signifique "libertad" o "derechos individuales". _____

¿Por qué "Los símbolos nacionales" es un buen título para esta selección?

LECTURA ATENTA

Acuérdate

Puedo observar los encabezados como ayuda para hallar la información que necesito.

COLABORA

Coméntalo Vuelve a leer la selección. Conversa acerca de lo que los tres elementos tienen en común.

Evidencia en el texto Escribe las ideas que simbolizan estos elementos.

	Simboliza...
La Campana de la Libertad	
La Estatua de la Libertad	
La Constitución	

Escribe "Los símbolos nacionales" es un buen título para esta selección porque _____
_____

Tetra Images/Getty Images

¿ ¿En qué se parecen las reglas de nuestro país y las de una familia?

Coméntalo Conversa sobre las reglas que aprendiste en *El establecimiento de las reglas*. ¿Cómo ayudan a la gente de un país a llevase bien y trabajar juntos? Habla sobre cómo los buenos modales forman parte de las reglas de una familia.

Evidencia en el texto Vuelve a leer el poema. Encierra en un círculo una frase que diga algo que una persona con buenos modales nunca haría.

Escribe Las reglas de nuestro país y las de una familia son parecidas porque _____

_____

_____

Acuérdate

Puedo comparar cómo habla el autor sobre las reglas usando estos comienzos de oración:

Los que escribieron la Constitución...

Las buenas maneras nos enseñan...

~~ **Los modales de Bisi** ~~

¿Por qué cuando come Bisi no cierra la boca
y hace ruido cuando toma la sopa?
¿Por qué se hamaca contenta en la silla
y se lanza a comer como una cerdilla?
¿Por qué manosea todas las peras
y olvida siempre las buenas maneras?
Porque Bisi es mi perrita faldera.
¡Y a nadie le importa cómo se comporta!

La flor de oro

¿? Compara y contrasta la tierra antes y después de que el niño planta las semillas.

COLABORA

Coméntalo Comenta cómo cambian los colores que ves en las ilustraciones de las páginas 494 a 497.

Evidencia en el texto Vuelve a leer las páginas 494 a 497. Escribe cómo se ve la tierra antes y después de que el niño planta las semillas.

Antes	Después

Escribe El texto y las ilustraciones muestran que la tierra ___

_____

_____

Antología de literatura: páginas 490–509.

Consejo de la **semana**
LECTURA ATENTA

Cuando **vuelvo a leer**, pienso en los cambios que sucedieron en el cuento.

Andre

LWA/Jay Newman/Blend Images/Getty Images

¿? **¿Qué te indica la palabra *¡ZUUM!* acerca del agua?**

Coméntalo Comenta lo que sucede cuando el agua sale de la calabaza.

Evidencia en el texto Vuelve a leer la página 504. Escribe lo que hace el agua.

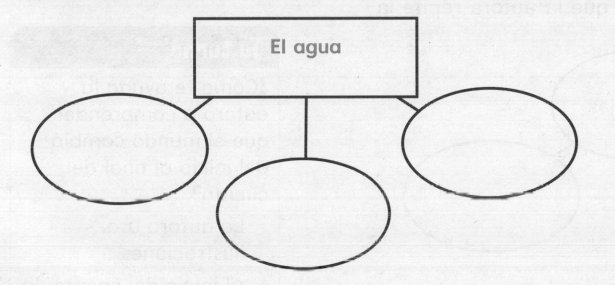

El agua

Escribe La palabra *¡ZUUM!* me ayuda a comprender que el agua _____

_____

Acuérdate

Al volver a leer, di:

Puedo usar estos comienzos de oración para hablar sobre el texto.

ZUUM significa...

El agua hace olas que...

¿Qué te ayuda a comprender sobre la tierra la repetición de la palabra *más* en la página 506?

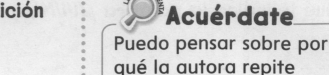

Coméntalo Comenta cómo se veía la tierra antes de que el agua creciera.

Evidencia en el texto Vuelve a leer las páginas 506 y 507. Escribe dos razones por las que la autora repite la palabra *más*.

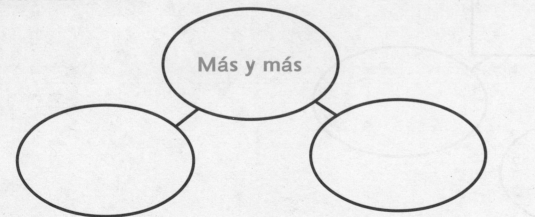

Más y más

Escribe La autora repite la palabra *más* _____

_____

"Una planta de calabaza"

En el interior de una calabaza

Si has observado a alguien cuando corta una calabaza, habrás visto que tiene muchas semillas. Toda calabaza nace de una semilla. Si plantas la semilla, le ofreces el agua, la luz y el aire que necesita, se transformará en una nueva planta de calabaza.

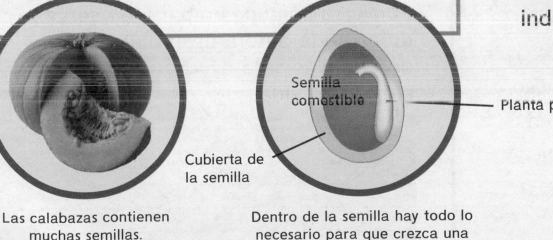

Las calabazas contienen muchas semillas.

Semilla comestible

Cubierta de la semilla

Planta pequeña

Dentro de la semilla hay todo lo necesario para que crezca una nueva planta de calabaza.

Vuelve a leer y haz anotaciones en el texto siguiendo las instrucciones.

Encierra en un círculo las partes de una semilla.

Subraya lo que necesita una semilla de calabaza para que se transforme en una nueva planta.

COLABORA

Conversa con un compañero acerca de cómo una calabaza puede contener muchas plantas de calabaza. Subraya la pista que te lo indica.

crece una semilla

Tú plantas una semilla de calabaza y la riegas. En unos pocos días, verás un pequeño brote verde sobre la superficie. Las raíces se desarrollan debajo la superficie.

El brote crece diariamente. Cuando es largo, se convierte en una enredadera. La enredadera se alarga y extiende sobre la tierra. Aparecen unas flores amarillas, que se transformarán en calabazas.

Donde estaban las flores, crecen unas pequeñas calabazas verdes. Luego, las calabazas se agrandan y adquieren un color naranja. Pronto estarán listas para sacarlas. Ahora el ciclo comienza nuevamente.

Numera las etapas en el crecimiento de una calabaza. Escríbelas aquí.

1. _____
2. _____
3. _____
4. _____
5. _____

Mientras la enredadera crece sobre la tierra, ¿qué sucede debajo de la superficie? Encierra la respuesta en un círculo.

COLABORA

Conversa con un compañero acerca de cómo la autora usa palabras descriptivas para ayudarnos a imaginar el ciclo de vida.

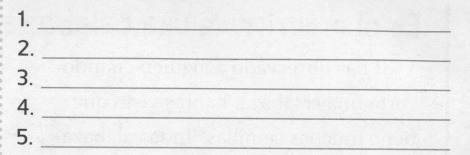

George Grall/National Geographic/Getty Images

¿Cómo podrías resumir el ciclo de vida de una calabaza?

COLABORA

Coméntalo Conversa con un compañero acerca de cómo la autora organiza la información para explicar el ciclo de vida de una calabaza.

Evidencia en el texto Usa la información del texto que muestra cómo crece y cambia una calabaza.

Escribe La autora pone en orden los pasos del ciclo de vida de una calabaza porque _____

_____

Acuérdate

Puedo usar la secuencia como ayuda para organizar la información del texto.

¿Cómo pueden los mitos ayudarnos a comprender sobre las plantas y los animales en el mundo real?

COLABORA

Coméntalo Piensa sobre el mito que leíste esta semana. ¿Qué aprendiste sobre la isla de Puerto Rico y qué cosas crecen allí? ¿Qué parte del mito era inventada? Comenta de qué manera esta escultura muestra un personaje de un mito.

Evidencia en el texto Dibuja un círculo alrededor de los animales que rodean la cara de Medusa, el personaje de la escultura. ¿Por qué piensas que las personas tendrían miedo de Medusa?

Escribe Los mitos usan historias inventadas para ayudarnos a comprender _____

_____

Digital image courtesy of the Getty's Open Content Program.

Una escultura llamada *Medusa,* de Vincenzo Gemito. Medusa era un monstruo de un mito griego. Tenía serpientes en lugar de cabellos, y las personas que miraban su rostro se convertían en piedra.

Mi luz

¿Por qué la autora repite las palabras "mi luz"?

Coméntalo Vuelve a leer las páginas 526 y 527. Comenta sobre cómo se utiliza la energía de "mi luz".

Evidencia en el texto Escribe cómo la energía de "mi luz" termina en un nivel subterráneo.

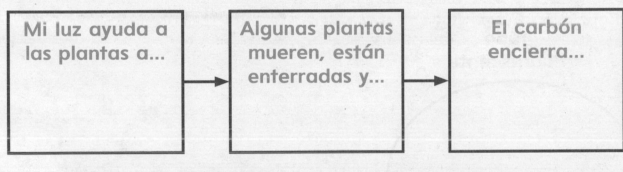

| Mi luz ayuda a las plantas a... | → | Algunas plantas mueren, están enterradas y... | → | El carbón encierra... |

Escribe La autora repite las palabras "mi luz" para _____

_____

_____

Antología de literatura: páginas 516–533

LECTURA ATENTA Consejo de la semana

Cuando **vuelvo a leer**, pienso en la secuencia.

Héctor

¿Cómo te ayudan las ilustraciones a comprender la manera en que funcionan las diferentes lámparas?

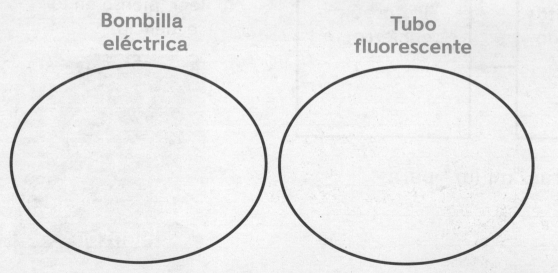

COLABORA

Coméntalo Vuelve a leer las páginas 530 y 531. Comenta de dónde viene la electricidad para las lámparas. ¿Por qué la autora repite "mi luz" en la página 530?

Evidencia en el texto Escribe lo que aprendes de las ilustraciones insertadas y el texto sobre los dos tipos de lámparas.

Bombilla eléctrica

Tubo fluorescente

Escribe Las ilustraciones me ayudan a comprender _____

_____

_____

Acuérdate

Al volver a leer, di:

Puedo usar estos comienzos de oración para comentar la importancia de la electricidad.

La luz del sol crea electricidad al...

La electricidad fluye hacia...

¿Por qué el uso de "mi luz" por parte de la autora es un buen final para la selección?

Acuérdate

La autora usa una conclusión sólida que resume su texto.

COLABORA

Coméntalo Comenta el significado de la línea "mi luz ilumina tus ciudades y poblaciones".

Evidencia del texto Vuelve a repasar la selección. Escribe cuatro tipos de energía que usamos para convertir la luz del Sol en electricidad.

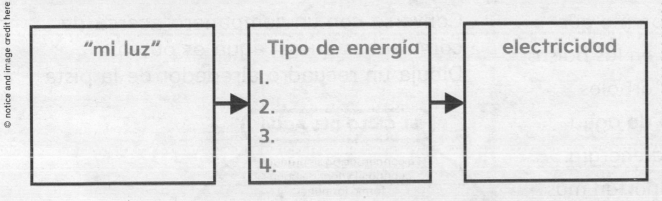

"mi luz"	Tipo de energía	electricidad
	1.	
	2.	
	3.	
	4.	

© notice and image credit here

Escribe El uso de "mi luz" por parte de la autora en esta página _____

_____

_____

Tu turno

¿Cómo te ayuda la repetición de las palabras "mi luz" a comprender la manera en que usamos la energía? Usa estos marcos de oración:

Las palabras "mi luz" significan...

Usamos la energía de la luz del Sol para...

¡Conéctate!
Escribe tu respuesta en línea.

"La potencia del agua"

El agua constituye una fuente de energía que utilizan las personas. La energía, o potencia, es la habilidad para realizar trabajos. Cuando el agua se mueve rápidamente, transporta energía. Un río rápido es un ejemplo de agua en movimiento. El agua es tan potente que mueve no solo a las personas en las balsas, sino también a las rocas y los árboles. Una catarata es otro ejemplo de agua en movimiento que transporta energía. Las cataratas más altas transportan más energía.

Vuelve a leer y haz anotaciones en el texto siguiendo las instrucciones.

¿En qué se parecen los ríos rápidos y las cataratas? Subraya las pistas.

¿Qué sucede si una catarata es muy alta? Encierra la pista en un círculo.

COLABORA

Conversa con un compañero acerca de cómo sabes que el agua es potente. Dibuja un recuadro alrededor de la pista.

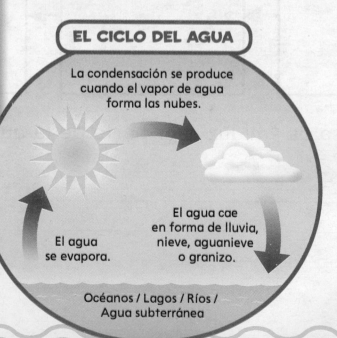

EL CICLO DEL AGUA

La condensación se produce cuando el vapor de agua forma las nubes.

El agua cae en forma de lluvia, nieve, aguanieve o granizo.

El agua se evapora.

Océanos / Lagos / Ríos / Agua subterránea

CÓMO TRABAJA EL AGUA

La gente sabe cómo poner a trabajar el agua en movimiento. La potencia del agua se usa para crear electricidad. Primero, se construye un dique en un río rápido. El dique retiene el caudal del río y controla la cantidad de agua que pasa. En el dique, el agua se desliza por un conducto para producir electricidad que luego se distribuye a través de las líneas de transmisión.

La provisión de agua depende del ciclo del agua en la Tierra. Muchas personas dependen de la potencia del agua para tener electricidad.

¿Cómo obtiene la gente electricidad del agua en movimiento? Escribe las pistas aquí.

1. _____

2. _____

3. _____

Conversa con un compañero acerca de por qué el agua es útil. Encierra en un cuadro la pista.

¿? **¿Por qué "La potencia del agua" es un buen título para esta selección?**

LECTURA ATENTA

Acuérdate

Puedo buscar pistas en los títulos para responder preguntas sobre el texto.

COLABORA

Coméntalo Vuelve a leer las páginas 176 y 177. Comenta sobre por qué el agua es potente.

Evidencia en el texto Escribe las pistas en cada sección que indican por qué el agua tiene potencia.

"La potencia del agua"	"Cómo trabaja el agua"

Escribe "La potencia del agua" es un buen título para esta selección porque _____

_____

_____

_____

¿Cómo te ayuda la fotografía a comprender la manera en que las personas usan la energía?

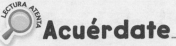

COLABORA

Coméntalo Comenta lo que aprendiste en *Mi luz* sobre cómo la energía del sol se transforma en luz que las personas usan. ¿Dónde están usando luz las personas en la fotografía?

Evidencia en el texto Encierra en un círculo la pista que te indica dónde es de día en la fotografía. Piensa en cuándo las personas usan luces.

Escribe La fotografía satelital muestra _____

_____

_____

_____

Science Photo Library - NASA/NOAA/Brand X Pictures/Getty

LECTURA ATENTA

Acuérdate

Puedo hablar sobre la energía y el agua usando estos comienzos de oración:

Veo que la Tierra...

Usamos energía para...

Esta fotografía satelital muestra cómo la noche se convierte en día en América del Norte. ¿Puedes decir en qué parte es de noche?

Manual del astronauta

¿Cómo usa la autora palabras e ilustraciones para interactuar con el lector?

Antología de literatura: páginas 540–555

Coméntalo Vuelve a leer las páginas 546 y 547. Comenta por qué la autora utilizó ilustraciones y no fotografías de astronautas reales. ¿Cómo se ven las ilustraciones?

Evidencia en el texto Piensa en las palabras que usa la autora. ¿A quién le habla? Escribe dos oraciones acerca del estilo de la autora.

Consejo de la semana

Cuando **vuelvo a leer,** busco pistas en el texto y las ilustraciones.

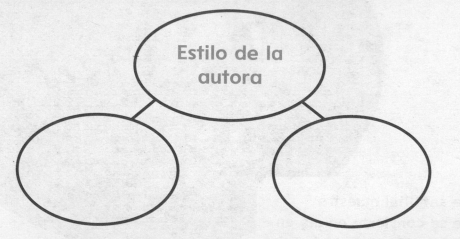

Estilo de la autora

Melissa

©Paul Bradbury/age fotostock

Escribe La autora interactúa con el lector al _____

_____

¿Cómo te ayudan las ilustraciones y los rótulos a comprender el texto?

COLABORA

Coméntalo Comenta cómo la autora usa diferentes recursos para compartir información.

Evidencia en el texto Completa la tabla con lo que aprendiste de las páginas 550 y 551. ¿Cómo aprendiste la información?

Lo que aprendí	Cómo lo aprendí

Escribe Las ilustraciones y los rótulos en las páginas 550 y 551 me ayudan a comprender porque _____

_____

_____

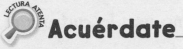 **Acuérdate**

Al volver a leer, di:

Puedo usar estos comienzos de oración como ayuda para descubrir el propósito de la autora.

La autora quiere mostrar cómo...

Es interesante tener que usar...

¿Cómo usa la autora el humor para captar tu atención?

Coméntalo Vuelve a leer las páginas 554 y 555. ¿Por qué piensas que la autora dice que es conveniente que a los astronautas les gusten los espacios pequeños?

Evidencia en el texto Observa las ilustraciones. Escribe por qué las páginas son divertidas.

Página 554	Página 555

Escribe La autora capta mi atención con humor en las páginas 554 y 555 al _____

_____

_____

_____

Acuérdate

La autora utiliza texto humorístico e ilustraciones divertidas para captar mi atención. Puedo ver que esto es parte de su propósito al escribir este texto.

Tu turno

¿Cómo hace la autora que sea interesante aprender sobre el trabajo de un astronauta? Usa estos marcos de oración:

La autora comienza...

Comparte información mediante...

¡Conéctate!
Escribe tu respuesta en línea.

"Trabajo en equipo hacia la cima"

Cuando Jordan Romero tenía nueve años, vio un cuadro de las montañas más altas del mundo. Jordan se propuso escalar cada una, pero tenía un problema. No podía hacerlo solo. Jordan sabía qué era lo que resolvería el problema: un equipo que escalara con él. Su padre y su madrastra, experimentados montañistas, se convirtieron en sus compañeros de equipo.

El equipo se prepara

Antes de escalar, el equipo siguió un plan de ejercitación. Corrían largas distancias cargando pesadas mochilas y tirando de neumáticos. Desarrollaron cuerpos fuertes para prepararse para el duro ascenso, mientras creaban los lazos que los ayudarían a trabajar juntos.

Vuelve a leer y haz anotaciones en el texto siguiendo las instrucciones.

¿Por qué piensas que la autora eligió montañistas para hablar sobre el trabajo en equipo? Subraya las pistas.

¿Por qué piensas que el equipo tuvo que ejercitarse para escalar? Encierra las pistas en un círculo.

COLABORA

Conversa con un compañero acerca de cómo se ejercitaba el equipo. Encierra en un cuadro las pistas.

Llegando al Everest

El equipo de Jordan estaba listo para los peligros de la exploración. El Everest es la montaña más alta del mundo. ¡La cima del Everest es más alta de lo que algunos aviones pueden volar! En la cima hay poco oxígeno para respirar. Esto es un problema para los escaladores. La falta de oxígeno podría hacerlos marear, así que el equipo resolvió el problema con máscaras de oxígeno.

El equipo de Jordan necesitaba más ayuda. Entonces, expertos en montañismo, llamados sherpas, los acompañaron. Cada experto aportó algo especial al equipo.

Subraya las pistas que muestran que escalar el Everest es peligroso. Escribe las pistas aquí.

_____

_____

_____

_____

_____

COLABORA

Conversa con un compañero acerca de por qué los sherpas se unieron al equipo. Encierra la pista en un círculo.

¿? ¿Por qué el trabajo en equipo fue importante para ayudar a Jordan a escalar el Everest?

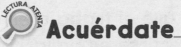

Acuérdate

Al **volver a leer**, puedo buscar pistas para responder preguntas sobre el texto.

COLABORA

Coméntalo Conversa con un compañero acerca de quién ayudó a Jordan a escalar.

Evidencia en el texto Escribe las pistas de ambas páginas que muestran cómo el trabajo en equipo ayudó a Jordan.

Número de página	Evidencia en el texto

Escribe El trabajo en equipo fue importante para Jordan porque _____

_____

_____

¿? **¿Por qué el trabajo en equipo es importante para convertirse en bailarina, astronauta o montañista?**

COLABORA

Coméntalo Comenta lo que leíste sobre el trabajo en equipo en *Manual del astronauta*. ¿Cómo trabajaron juntos los montañistas en la montaña? Comenta cómo deberían trabajar juntas las bailarinas al dar un espectáculo para la audiencia.

Evidencia en el texto Encierra en un círculo las pistas que te muestran que estas bailarinas están trabajando como un equipo. Piensa en qué sucedería si no trabajaran juntas.

Escribe Para los bailarines, los astronautas y los montañistas, el trabajo en equipo es importante porque _____

_____

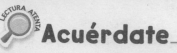

Acuérdate

Puedo comparar la importancia de la preparación o el trabajo en equipo usando estos comienzos de oración:

Para las bailarinas...

Es importante que los astronautas...

Los montañistas necesitan...

Esta pintura de Edgar Degas, un pintor francés, muestra bailarinas de ballet en el escenario.

Courtesy National Gallery of Art, Washington

Locura por el dinero

¿? ¿Cómo comparte información el autor de manera interactiva con el lector?

Antología de literatura: páginas 560–577

COLABORA

Coméntalo Vuelve a leer las páginas 562 y 563. Comenta cómo el autor llama la atención de los lectores.

Evidencia en el texto Usa la información en las páginas 562 y 563 para completar la siguiente tabla.

LECTURA ATENTA **Consejo de la semana**

Página	Ejemplo	Cómo interactúa el autor con el lector
562	"Imagina un mundo sin dinero".	
562	"¿Cómo comprarías una pieza de pan?".	
563	"...tú tendrías que fabricarla".	

Cuando **vuelvo a leer**, busco pistas en la selección de palabras del autor.

Farah

Escribe El autor capta mi antención al _____

_____

_____

©gulfimages/Alamy

¿Cómo te ayudan las ilustraciones a comprender por qué se inventó el papel moneda?

COLABORA

Coméntalo Vuelve a leer las páginas 569 a 570. Conversa con un compañero sobre lo que aprendiste acerca del dinero.

Evidencia en el texto Explica cómo las ilustraciones te ayudan a comprender por qué se usó el papel moneda por primera vez.

Escribe Las ilustraciones me ayudan a comprender que _____

_____

_____

¿Cómo te ayuda el diagrama de la página 575 a comprender la información del texto?

Cuando **vuelvo a leer,** busco pistas en las características del texto y las ilustraciones.

Coméntalo Vuelve a leer la página 575. Describe los pasos necesarios para comprar cosas en línea.

Evidencia en el texto Usa el diagrama de Venn para indicar las similitudes y diferencias entre el papel moneda y el dinero digital.

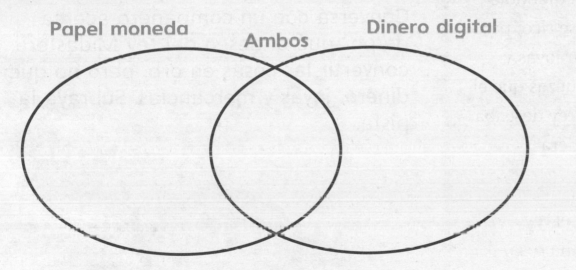

Papel moneda   Ambos   Dinero digital

Escribe El diagrama de la página 575 me ayuda a comprender _____

Tu turno

¿Cómo te ayuda el autor a comprender por qué la gente usa dinero? Usa estos inicios de oración:

La gente usa dinero para...

Las ilustraciones y los diagramas me ayudan a...

¡Conéctate!
Escribe tu respuesta en línea.

"El rey midas y el toque dorado"

Hace muchos años, el rey Midas vivía en un magnífico palacio con un hermoso jardín de rosas. Tenía una hija a la que quería mucho.

Un día, el rey Midas hizo una obra buena por un amigo, quien lo premió concediéndole un deseo. El rey Midas quería hacerse rico, pero no deseaba plata. No quería comprar joyas y mercancías. El quería en cambio riquezas que el dinero no podía comprar. Lo que el rey deseaba era que todo lo que tocara se convirtiera instantáneamente en oro.

El amigo le concedió ese deseo, y el rey Midas corrió hasta su jardín y tocó una rosa. Instantáneamente, la rosa se volvió de oro. El rey Midas aplaudió con alegría.

Vuelve a leer y haz anotaciones en el texto siguiendo las instrucciones.

¿Cómo se ganó su premio el rey Midas? Encierra en un cuadro la pista.

¿Cuál era el deseo del rey Midas? Encierra la pista en un círculo.

COLABORA

Conversa con un compañero acerca de por qué el deseo del rey Midas era convertir las cosas en oro, pero no quería dinero, joyas y mercancías. Subraya la pista.

Anna Vojtech

El rey Midas pasó todo el día convirtiendo cosas en oro. A la hora de la cena, tenía hambre y sed. Se sentó a la mesa con su hija y su amigo. El rey tenía la comida y el agua en su mesa de oro. Pero cada objeto que tocaba, se convertía también en oro. El rey se quedó hambriento y sediento.

Entonces, la hija del rey Midas le ofreció su agua. Cuando él trató de agarrar la copa, sin pensarlo, tocó la mano de su hija. De inmediato, ¡la joven se transformó en oro también! Atónito, el rey Midas le rogó a su amigo: "¡Deshaz mi deseo, por favor!". Al ver que el rey había aprendido la lección, su amigo deshizo el deseo. Todos los objetos de oro volvieron a su estado normal. Su hija también.

El rey Midas la abrazó con fuerza. Había perdido su oro, pero había recobrado lo que realmente amaba. Algunas cosas son más valiosas que el oro.

¿Por qué el poder del rey Midas salió mal en la cena? Coloca una estrella junto a cada oración.

¿Cómo cambia el rey Midas del comienzo al final del cuento? Subraya las pistas.

COLABORA

Encierra en un cuadro la conclusión del cuento. Conversa con un compañero acerca de la lección que aprendiste al leer este mito.

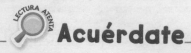

¿Por qué el autor comienza y termina el cuento hablando del amor del rey por su hija?

COLABORA

Coméntalo Con un compañero, describan al rey Midas al comienzo del cuento y al final del cuento.

Evidencia en el texto ¿Qué ama el rey Midas? Cita evidencia en el texto del mito.

Página	Evidencia del texto

Escribe El autor comienza y termina el cuento hablando del amor del rey por su hija porque _____

_____

_____

Acuérdate

Puedo usar palabras clave para buscar pistas sobre los personajes.

¿? **¿Cómo puede la gente usar sabiamente el dinero?**

COLABORA

Coméntalo Conversa sobre cómo la gente usa el dinero en *Locura por el dinero*, "El rey Midas y el toque dorado" y en el poema "El dinero del señor Pime". ¿Qué hizo el señor Pime con su dinero?

Evidencia en el texto Vuelve a leer el poema. Encierra en un cuadro una de las formas en que se muestre que el señor Pime no usó su dinero sabiamente.

Escribe Las personas pueden usar el dinero sabiamente _____

_____

_____

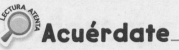

Acuérdate

Puedo comparar las formas en que el dinero causa problemas usando estos comienzos de oración:

El valor del dinero...

La gente quiere dinero para...

A veces el dinero hace que...

El dinero del señor Pime

El señor Pime escondió un dime
en un hoyo en la tierra.
Una perra escarbó y se lo llevó.
Escondió otro dime en una grieta.
Pasó una niña pizpireta
y haciendo una morisqueta, lo sacó.
Y el señor Pime se quedó sin nada.
Pobre señor Pime, ¡qué mala pata!

"Barco y sueños", "Poema"

¿Con qué relacionan los poetas a la imaginación?

Antología de literatura:
páginas 582–584

COLABORA

Coméntalo Vuelve a leer la página 583. Comenta con un compañero los recursos del autor para dar mostrar su imaginación.

Evidencia en el texto Explica los recursos del autor para mostrar con qué relaciona a la imaginación.

Evidencia en el texto	¿Qué relación muestra?

Escribe Los poetas relacionan la imaginación con _____

_____

_____

Consejo de la semana

LECTURA ATENTA

Cuando **vuelvo a leer**, puedo pensar cómo los autores usan el lenguaje sensorial.

Realistic Reflections

Thomas

¿? **¿Qué indican las metáforas sobre lo que el poeta opina de la poesía?**

COLABORA

Coméntalo Vuelve a leer la página 584. Comenta con un compañero qué metáforas emplea el autor de "Poema".

Evidencia en el texto Explica qué significan las metáforas que emplea el autor de "Poema".

Metáfora	Significado

Escribe Las metáforas indican que el poeta opina que la poesía es _____

_____

Tu turno

¿De qué modos muestran los poetas cómo se puede disfrutar con la imaginación? Organiza las evidencias del texto con los siguientes marcos de oración:

Los poetas muestran...

Los poetas imaginan...

¡Conéctate!
Escribe tu respuesta en línea.

"Burrito", "Nido de colores"

¿Qué sentidos están presentes en el lenguaje de "Burrito"?

COLABORA

Acuérdate

Puedo pensar en las ideas de la autora para sugerir los diferentes sentidos.

Coméntalo Conversa sobre los sentidos que sugiere la autora en el poema.

Evidencia en el texto Escribe ejemplos de los sentidos que se sugiere en el lenguaje sensorial de "Burrito".

Evidencia en el texto	Sugiere

Escribe La autora sugiere el uso de sentidos como _____

_____

_____

¿? ¿Qué sugiere con el uso del lenguaje sensorial el autor de "Nido de colores"?

COLABORA

Coméntalo Conversa sobre lo que te sugiere el uso del lenguaje sensorial en el poema.

Evidencia en el texto Escribe dos ejemplos de lenguaje sensorial en "Nido de colores".

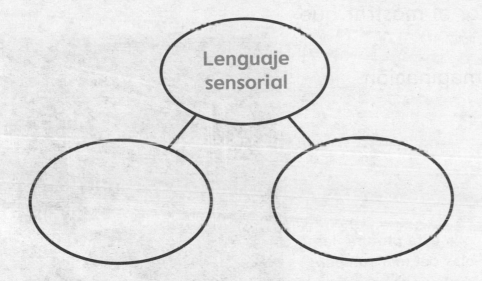

Lenguaje sensorial

Escribe El autor usa el lenguaje sensorial para sugerir _____

_____

_____

¿De qué modo el pintor y los autores de los poemas usaron la imaginación para expresar una idea?

COLABORA

Coméntalo ¿Cómo unen los poetas el arte y los sentimientos? Piensa en lo que ves en la pintura.

Evidencia en el texto Encierra en un cuadro un detalle de la pintura que muestre cómo usó la imaginación el pintor. Piensa en qué idea quiso expresar el pintor al mostrar que el arte se escapa del marco del cuadro.

Escribe Los poetas y el pintor usaron la imaginación _____

_____

_____

_____

Acuérdate

Puedo hacer comparaciones usando estos comienzos de oración:

En el cuadro, el mar…

El barco de papel es…

En esta pintura, las olas del mar rompen el cuadro y entran en el mundo real.